EMPRENDIMIENTO DE GUERRILLA

BORJA PASCUAL

www.emprendimientoguerrilla.guiaburros.es

Diseño de cubierta: ©Andrea Fernández Rodríguez (EDITATUM)

Maquetación de interior: © EDITATUM

Primera edición: Octubre de 2020

ISBN: 978-84-18429-09-5

Depósito legal: M-27305-2020

IMPRESO EN ESPAÑA/ PRINTED IN SPAIN

Si después de leer este libro, lo ha considerado como útil e interesante, le agradeceríamos que hiciera sobre él una **reseña honesta en Amazon** y nos enviara un e-mail a **opiniones@guiaburros.es** para poder, desde la editorial, enviarle **como regalo otro libro de nuestra colección.**

Agradecimientos

A toda la comunidad de emprendedores, por vuestra dedicación y ejemplo.

Sobre el autor

 **Borja Pascual** es presidente de la Asociación Nacional de Nuevas Empresas, Roamers, Emprendedores y Autónomos, **aNerea**.

Es fundador y CEO de **GRUPORUM**, grupo de empresas dedicadas a ofrecer servicios profesionales.

Dirige Mundo Emprende, el portal de comunicación referencia para pymes y autónomos y dirige y presenta desde hace varios años el programa de radio del mismo nombre. Colabora habitualmente en diferentes medios de comunicación.

Informático de profesión, pero siempre más interesado en la gestión de proyectos, en la comunicación y el marketing, en el desarrollo de nuevos canales, en la gestión de objetivos y en el desarrollo de nuevas ideas y modelos de negocio.

Es autor de *GuíaBurros: Autónomos; GuíaBurros: El Arte de la Prudencia; GuíaBurros: Las ocho disciplinas del dragón; GuíaBurros: Sociedades limitadas; Ahorra o Nunca; Empresario o Emperdedor;* y *Cómo montar un negocio online.*

Índice

Mi historia de "guerrillero"

Emprendedor o guerrillero del emprendimiento

Hacia solo dos años que me había casado, tenía un buen sueldo, un trabajo que exprimía cada día y que me permitió aprender muchas cosas valiosas para el futuro. Contaba con el reconocimiento que merecía, un equipo leal, un proyecto divertido, vamos, estaba cómodo.

Llevaba ya cuatro años trabajando por cuenta ajena, todavía pagando algunas deudas de mi anterior "emperdimiento" cuando llego la crisis del 2011 al sector en el que trabajaba como Director de Marketing.

Del día a la mañana nos quedamos sin proveedores, y una empresa rentable con más de 150 empleados empezó su descenso a los infiernos. Un primer recorte de 100 empleados nos llevó a unas nuevas oficinas y a una estrategia de supervivencia.

Mi puesto seguía siendo necesario, mi equipo empezó a desaparecer, ahora me tocaba encargarme de todo, pero cada vez era menos. Las perspectivas no eran buenas, no parecía que el sector se fuera a recuperar, estábamos viviendo una agonía hacia la desaparición.

Mis más de quince "emperdimientos" anteriores me avisaban del rumbo que todo aquello iba a tomar y pusieron mi cabeza en modo supervivencia.

En pocos días elaboré un plan, aplicaría todo lo que había aprendido en esos años más mi experiencia en emprendimiento para buscar mi nuevo camino.

Hay dos factores que siempre se han cruzado en mi vida, ganas de emprender y falta total y absoluta de recursos para ello.

Por eso no tuve otra opción que hacerme guerrillero, como tantas veces he leído, "si la vida te da limones…, haz limonada"

Hablé con mi CEO, le expuse la situación, la empresa aun me necesitaba para el control básico de campañas, pero mi sueldo ya no encajaba en su nueva estructura de costes.

Por otra parte, yo no tenía dinero para montar nada, pero… realmente ¿qué necesitaba para probar mi idea?, un lugar físico para trabajar, un teléfono, un ordenador, una silla

¡Acuerdo alcanzado! Yo continuaba dedicando unas horas a la compañía a cambio de un lugar para probar mis ideas.

Muchos meses después y coincidiendo con un nuevo reajuste y mudanza, ya estaba listo para salir de allí, pero no a mis propias oficinas, necesitaba hasta el último euro para conseguir clientes y hacer girar la rueda. Ahora, en 2020, esa prueba, ese producto mínimo viable se ha convertido en un grupo de empresas que da empleo a más de 50 personas y que factura más de 2 millones de euros.

Y por cierto, mi silla, una silla azul, se vino conmigo. Me recuerda cada día lo que soy, un **guerrillero del emprendimiento**.

Emprendimiento de Guerrilla

Cómo pasar de una idea de negocio a un proyecto de emprendimiento y conseguir una empresa rentable con pocos medios

Seguro que siempre has pensado que emprender es algo reservado para los que tienen mucho dinero, recursos, contactos, medios ilimitados… pues te demostraré en este libro que hay otra manera de emprender y conseguir tener un negocio rentable, un método probado y testado al alcance de cualquiera con voluntad para ponerlo en marcha.

Eso sí, si sigues leyendo tendrás un problema, se te acabarán las excusas para ponerte en marcha y empezar la generación de riqueza.

Este tipo de emprendimiento se llama Emprendimiento de Guerrilla y se basa en la estrategia militar que ha conseguido en cientos de ocasiones en la historia, combatir y ganar a grandes ejércitos regulares, tu competencia.

1 ¿Por qué este método funciona siempre?
Porque se basa en utilizar tus características como ventajas competitivas y ajustar las reglas del juego a tus posibilidades en cada momento del proyecto.

No pelearemos nunca en campo abierto ni de manera frontal, siempre con pequeñas emboscadas, en el terreno que más nos convenga y en el momento y circunstancias más interesantes para nuestros objetivos.

2 ¿Podré ponerlo en marcha en mi pyme o en mi pequeño comercio?

Si, y te ayudaré a hacerlo. Siempre hay una estrategia de Emprendimiento de Guerrilla que te permitirá alcanzar tus objetivos, solo debes aprender a definirla, tener voluntad y constancia para ponerla en marcha y mantenerla en funcionamiento. En este GuíaBurros te doy las claves para que puedas iniciar el proceso.

3 ¿Requiere de alguna titulación o conocimiento específico?

No, no es necesario. Cualquiera puede beneficiarse del Emprendimiento de Guerrilla. Además, contarás con un método, un sistema, el método EDAM.

Eso sí, debo advertirte, no será cómodo, deberás trabajar duro para aplicar el método y adquirir los conocimientos y la experiencia que necesitas. Como sabrás la mejor manera de aprender es haciendo y este es un método tremendamente práctico desde el minuto uno.

Los conocimientos y experiencia que necesitarás para dirigir el modelo los irás adquiriendo según lo vayas poniendo en marcha, es un método completamente orientado a la acción, con resultados desde el principio.

4 ¿Lo podré hacer funcionar si tengo pocos recursos, poco dinero para invertir?

Claro, una de las características de este método es que se apoya en lo que tienes, en las características de tu negocio, en el momento en el que está, en las herramientas con las que cuenta y con eso arrancamos. Después, lo iremos adaptando a las circunstancias que surjan, seguramente más medios, nuevos nichos, más productos, lo que necesitemos en cada momento.Al igual que la Guerrilla, este es uno de nuestros puntos diferenciadores, conseguimos nuestras metas utilizando lo que tenemos, lo que está a nuestra disposición en cada momento para ganar pequeñas batallas que nos acerquen a nuestros objetivos.

5 ¿Por qué si busco *Marketing* de Guerrilla me hablan de *flashmobs* de video virales y de acciones callejeras?

El Emprendimiento de Guerrilla tiene mucho que ver con el *Marketing* de Guerrilla que introdujo en 1984, Jay Conrad Levinson en su libro *Guerrilla Marketing: Secrets for making big profits from your small business*, pero con su concepción original.

Este término ha sido tergiversado, manipulado y escondido por las grandes empresas, que lo han transformado en una especie de campañas originales para generar ruido en redes sociales y en medios convencionales, una interpretación que desdibuja el potencial de la idea original.

Y estarás pensando, ¿qué le importa a una gran empresa que yo le quite unos cuantos clientes que para mí marcan la diferencia pero que para ellos ni siquiera influyen en sus resultados? Está claro, nada.

Pero ¿qué pasa si todos los pequeños comercios, las pymes, integramos el *Marketing* de Guerrilla a nuestra estrategia? Unos pocos clientes que cada negocio gane ya no son *peccata minuta*, ya no son insignificantes, empiezan a ser un problema.

6 ¿Por qué es un sistema tan revolucionario?

El Emprendimiento de Guerrilla nos habilita para competir en cualquier mercado, con reglas ajustadas a nuestras características, ventajas competitivas, tamaño, herramientas, habilidades, objetivos, etc.

Vamos, que el Emprendimiento de Guerrilla nos permite definir las nuevas reglas de enfrentamiento, las nuevas reglas de competencia, más favorables a la pyme, al pequeño negocio que a la gran empresa.

¿Por qué debemos competir con sus reglas hechas a medida para los grandes volúmenes, las grandes inversiones, los mayores expertos y los equipos multidisciplinares más avanzados del mercado?

Simplemente porque se han encargado de convencernos de que las reglas son esas y nos tenemos que amoldar…

Pues ya no, ahora somos nosotros los pequeños, los que elegiremos cuándo, dónde, cuánto, cómo y por qué.

 **IMPORTANTE**

Con el Emprendimiento de Guerrilla imponemos nuestras propias reglas del juego.

7 ¿Cómo consigue el Emprendimiento de Guerrilla los clientes para mi negocio?

Por supuesto utilizando *Marketing* de Guerrilla del bueno, con acciones muy estudiadas, de francotirador, donde ganaremos cada cliente casi de uno en uno:

- El cliente, el más favorable a nuestra propuesta.
- El canal, el más eficaz, con el mejor ratio coste-beneficio.
- El momento, el que más nos conviene.
- El producto, el que mejor se ajuste a nuestras necesidades.
- Las herramientas más efectivas entre las que tengamos.
- El método, el método EDAM, el más eficiente.

Así, nos iremos haciendo con clientes y ventas de manera progresiva, en pequeñas batallas estratégicas que nos entrenarán para las siguientes, en un proceso de mejora continua que nos acercará cada vez más a nuestros objetivos.

8 ¿Cuándo puedo empezar a aplicar Emprendimiento de Guerrilla?

En cualquier momento de tu proyecto, con solo una idea, con un proyecto ya en marcha o con un negocio funcionando.

En cada caso, aplicarás estrategias diferentes, pero el mismo método, el método EDAM que te permitirá alcanzar tus objetivos con los medios de los que dispongas.

Eso sí, necesitarás garantizar dedicación, trabajo duro, método y constancia, el resto, te lo dará el sistema.

¿Estás listo para empezar?

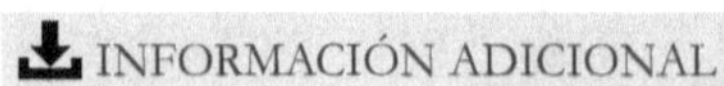

INFORMACIÓN ADICIONAL

Por la compra de este libro, descárgate de forma gratuita: *Magnet 10 acciones originales y baratas para captar clientes* donde encontrarás más informacón para emprender un negocio de éxito.

www.emprendimientoguerrilla.guiaburros.es/contenidoadicional

Mitos del *marketing*

Todas esas cosas que pensamos sobre el *marketing* y debemos *desaprender*

En mi experiencia, los proyectos empresariales tienen corazón, los equipos; tienen músculos, los medios de los que dispone, la organización; necesitan alimento para funcionar, la financiación; ejercicio para mantenerse en forma, la mejora continua. Pero, sobre todo, un proyecto debe tener un por qué, un cómo, una diferencia, debe tener alma, y eso, es el *marketing*.

Así que entenderás que para el Emprendimiento de Guerrilla creemos en el *marketing* como base de todo el proyecto, en la estrategia como mapa, en el producto o servicio como armamento, en la acción como camino y en la mejora continua como diferencia, todo perfectamente engranado en el método EDAM.

Para poder avanzar en el Emprendimiento de Guerrilla, antes de aprender cosas nuevas, debemos desaprender, debemos deshacernos de mitos e ideas limitantes que no nos permitirán sacar todo el partido necesario a nuestro trabajo con el método EDAM.

Empecemos por el alma de nuestro método, el *marketing*.

Los mitos con el *marketing* están a la orden del día, son miles y afectan al uso o no uso que hacemos de él en nuestros negocios y proyectos de emprendimiento.

El único objetivo del *marketing* es la venta

El *marketing* trata de conseguir objetivos. Si el objetivo es la venta, el *marketing* estará enfocado en conseguir esas ventas, ahora, si el objetivo es otro, el *marketing* trabajará para ese otro objetivo.

Hay miles de proyectos, productos, servicios que no utilizan el *marketing* para vender, ya que su objetivo, en ese momento, no es la venta.

El *marketing* es publicidad

La publicidad es una de las herramientas que tiene el *marketing*, pero en la mayoría de los casos, ni siquiera es la más importante.

El *marketing* es mucho más, es estrategia, es definición, es táctica, es medición, es todo lo que necesitamos para conseguir los objetivos de nuestro plan de empresa.

El *marketing* es para las grandes empresas

Las grandes empresas se apoyan en el *marketing* para conseguir sus objetivos, pero es en los proyectos más pequeños donde marcará la diferencia.

Las grandes marcas tienen ya parte del mercado, un bagaje en la cabeza del consumidor/cliente/usuario, un reconocimiento de marca, una experiencia previa, en muchos casos, y aun así siguen invirtiendo en *marketing*.

Los proyectos pequeños o que acaban de nacer tienen más trabajo por hacer, más *marketing* por desarrollar, más definición que hacer, más estrategia que trazar, más acciones que tomar, más que medir y refinar, más *marketing*.

El *marketing* es caro y necesitas muchos recursos

La estrategia, la definición y la medición no son caras, son exigentes. Las acciones, las campañas, con una buena estrategia, definición y medición, pueden ser muy baratas, muy rentables, muy efectivas.

Y aquí llega el Emprendimiento de Guerrilla con un *marketing* para conseguir objetivos apoyándonos en las características, ventajas, limitaciones y momentos de cada proyecto.

El *marketing* es poner en marcha campañas de captación, no hace falta una estrategia.

La estrategia es el plan para conseguir nuestros objetivos, sin estrategia, no hay plan, sin plan… ¿cómo llegaremos a nuestros objetivos?, y si llegamos, ¿cómo lo repetiremos?

La estrategia es fundamental, nos ayuda a potenciar nuestras ventajas, minimizar nuestras limitaciones y poder competir con mayores garantías de éxito y solo requiere trabajo, constancia y entrenamiento.

El *marketing* es el material que hace una empresa para que sus comerciales vendan.

Claro, y los que definen ese producto que van a vender, le dan nombre, precio, resaltan unas características u otras, definen a qué cliente se le va a vender, cómo se va a hacer esa venta, por qué vendemos ese producto y no otro, qué margen de beneficio nos produce ese producto, cómo se distribuirá, qué canales se utilizarán, cómo será el servicio postventa, qué otros productos se podrán añadir para subir el tique medio, cómo se fidelizará a ese cliente, qué coste de adquisición tendremos, etc.

El *marketing* es para crear necesidad

O no. De hecho, es siempre más barato atender necesidades que ya existen que crear nuevas. No olvidemos que las necesidades no se crean, se tienen o no se tienen, otra cosa es que seamos capaces de destaparlas en algunos nichos de mercado y así conseguir los objetivos de nuestro proyecto.

Al final, en la mayoría de los casos es mucho más sencillo mejorar la rueda para que satisfaga las necesidades de un grupo concreto de consumidores, clientes, usuarios, que inventarla de nuevo.

El *marketing* es imagen y creatividad

Entonces, ¿por qué hay anuncios feos que venden más que otros bonitos, modernos, espectaculares, sorprendentes o caros?

La imagen y la creatividad deben estar al servicio de la estrategia, y en la mayoría de los casos no serán los aspectos que marquen la diferencia.

Y ojo, la creatividad no consiste en inventar, trata más de crear, de copiar, de adaptar, de conectar.

Como veis hay muchos mitos en esto del *marketing*, seguro que alguna de estas ideas estaba en vuestra cabeza y os han impedido llegar hasta él para conseguir vuestros objetivos. Si estáis leyendo este libro entiendo que ya podéis comenzar la aventura, entrar de lleno en estas técnicas que cambiarán, para siempre, vuestra manera de conseguir objetivos.

Por eso me he decidido a rescatar el sentido original del concepto de *Marketing* de Guerrilla, estrategias del pequeño, con pocos recursos, para maximizar sus posibilidades de éxito frente al grande dotándose de un método global, EDAM para sistematizar el proceso de emprendimiento.

A partir de aquí, tú decides, ¿quieres pelear por un hueco en el mercado, por satisfacer las necesidades de algunos clientes?

 **IMPORTANTE**

Siempre hay un buen plan de *marketing* para cada proyecto, adaptado a las limitaciones de este y optimizado para conseguir los objetivos, únicamente debes buscarlo.

Marketing de Guerrilla, la perversión del término

¿Qué es? ¿Cómo se ha pervertido el término?

Y aquí ya entramos en materia, este es el *marketing* que toda pyme o *free lance* debería practicar, ya que son estrategias, técnicas, herramientas pensadas, diseñadas y adaptadas para igualar las opciones de éxito del pequeño frente al grande, de David contra Goliat.

Como nos dice Wikipedia, el término Guerrilla *Marketing* fue popularizado en 1984 por Jay Conrad Levinson en su libro Guerrilla *Marketing: Secrets for Making Big Profits from Your Small Business* (secretos para hacer grandes ganancias de su pequeña empresa).

Una definición que encaja perfectamente en la introducción que hacía del término, pero que como veremos, está muy alejada del uso que le han dado las grandes empresas y que, finalmente, ha terminado pervirtiendo su idea original.

Pero qué más nos dice Wikipedia de este tipo de *Marketing*, el *Marketing* de Guerrilla es un conjunto de estrategias y técnicas de *marketing*, ejecutadas por medios no convencionales, y que consiguen su objetivo mediante el ingenio y la creatividad, en vez de mediante una alta inversión en espacios publicitarios.

Y empezamos ya con la perversión del término.

"El *Marketing* de Guerrilla es una rama del *marketing* que se basa en el efecto sorpresa. Su objetivo principal es generar un impacto a gran escala con la mínima inversión."

https://es.ryte.com/ wiki/Marketing_de_Guerrilla

"El *Marketing* de Guerrilla es una estrategia de publicidad para promocionar productos o servicios en las calles u otros lugares públicos con poco dinero. Esto implica el conseguir la atención del público. El *Marketing* de Guerrilla se lleva a cabo en lugares públicos, como centros comerciales, parques o playas para atraer a una gran audiencia".

https://es.qwe.wiki/wiki/Guerrilla_marketing

'El *Marketing* de Guerrilla, al que también se denomina Mercadotecnia de guerrilla, es todo ese grupo de estrategias e iniciativas relacionadas con el *marketing* que se promueven a través de medios poco convencionales y que, a su vez, aprovechan la creatividad para transmitir un mensaje más contundente. No se basa en el gasto excesivo para la adquisición de multitud de espacios, su punto principal es el ingenio".

https://neoattack.com/neowiki/marketing-de-guerrilla/

Como podéis ver, nos hablan de originalidad, sorpresa, medios no convencionales, ingenio, impacto a gran escala, promoción en la calle o espacios públicos, mensajes más contundentes, etc. Conceptos todos ellos que han contribuido a difuminar el verdadero alcance del *Marketing* de guerrilla.

Y es que las grandes empresas han canibalizado el término y lo han implementado como estrategia propia, eso sí, con muy poco que ver con la idea original.

De hecho, hasta se han creado diferentes técnicas de lo que ellos denominan *Marketing* de Guerrilla.

— *Ambient marketing*. Técnica que se basa en aprovechar un escenario para impactar a un gran número de usuarios que pasen por él. Trampantojos, decoración del mobiliario urbano, etc.

— *Ambush marketing* (*marketing* de emboscada). Realizar publicidad indirectamente, en un evento que no se patrocina y por tanto la marca no tiene derechos publicitarios en él.

— *Stealth marketing* (*marketing* sigiloso). Técnica con la que se publicita un producto o servicio de manera encubierta, por ejemplo, el *placement*, hacer aparecer nuestro producto o servicio en contenido no publicitario como una serie o película.

— *Buzz*. El objetivo principal del *buzz marketing* es generar conversación acerca de una marca o de un producto concreto.

— *Marketing* de calle:
  • Distribución de *flyers* o productos.
  • Animación de productos. Animaciones humanas.
  • Shows de tráfico.

— Acciones de eventos. Los *flashmobs* consisten en reunir a un grupo de personas por medio de Internet o teléfonos móviles, llegando a una acción concreta de tipo persuasiva.

— *Marketing* viral. Realizar una acción (como un video o una web) que se pueda difundir por Internet, permitiendo que se corra la voz entre los propios consumidores.

Y al final, el *Marketing* de Guerrilla se ha quedado, para el gran público, en acciones poco convencionales y sorpresivas que realizan las grandes marcas y que tienen un impacto importante sobre una pequeña cantidad de posibles consumidores para luego ser difundidas masivamente por canales digitales o incluso por los canales convencionales.

Pero, realmente, esta es una perversión de la idea original, la de Jay Conrad Levinson en su libro Guerrilla *Marketing: Secrets for Making Big Profits from Your Small Business.*

Como puedes comprobar, hablamos de grandes marcas dedicando grandes presupuestos para difundir su mensaje masivamente con la originalidad como bandera.

Yo te propongo el *Marketing* de Guerrilla original para el Emprendimiento de Guerrilla, tal vez con mucho menos glamour "marketiniano", pero perfectamente adaptado a las necesidades de las pymes y los *freel ance*, un concepto fundamental para poder competir en los mercados actuales, utilizando las ventajas competitivas que el pequeño tiene sobre el grande y apuntando directamente a lo importante, los resultados.

Emprendimiento de Guerrilla para pymes y autónomos

Estrategia definitiva para competir con los grandes

Una estrategia militar que ha resultado muy eficaz para combatir al grande cuando uno es pequeño y local, no puede quedar fuera de nuestra estrategia de *marketing* ya que, por definición, como pymes, autónomos o *free lance*, somos pequeños y mucho más locales que las grandes corporaciones.

No sería inteligente pasar por alto esta estrategia que, como decía, se ha demostrado tan eficaz en diferentes conflictos armados y que ahora, podemos utilizar para entrar en un nicho de mercado, para conseguir clientes, para aumentar la rentabilidad de nuestro negocio, para fomentar la fidelización de nuestros clientes, para todo lo importante en nuestro pequeño negocio.

¿Qué nos dice Wikipedia de la guerra de guerrillas?

"Es una estrategia militar en la que pequeños grupos de combatientes, a menudo paramilitares, civiles armados o irregulares, utilizan ataques móviles a pequeña escala contra un enemigo mayor y menos versátil con el objetivo de debilitarlo o vencerlo mediante una guerra de desgaste, en la cual se evita confrontar directamente al enemigo, generalmente atacándolo de forma imprecisa a escondidas. Estas tácticas pueden incluir emboscadas, sabotajes, saqueos, incursiones, guerras relámpagos, corte de las líneas de suministro, secuestro de enemigos importantes e interceptación de las comunicaciones".

Y, ¿qué nos dice Wikipedia de las características y ventajas de este tipo de estrategia militar?

"La guerrilla generalmente nace de un conocimiento superior del terreno[1] y el apoyo de la población local[2] para operar de manera oculta y sorpresiva[3], moverse con rapidez y reunirse y dispersarse sin dejar rastro[4]. Fundamentalmente es un tipo táctico de guerra que lo subordina todo al hostigamiento en vez de a la conquista convencional de terreno[5], por lo cual se busca la larga erosión de una guerra atomizada y dispersa[6]. De este modo, se pueden alcanzar objetivos estratégicos[7] que un ejército organizado y al descubierto no podría jamás conseguir".

Pues a partir de aquí, empezamos nuestra redefinición del Emprendimiento, el emprendimiento para pymes, autónomos y *free lance* que nos permitirá conseguir nuestros objetivos de generación de riqueza a partir de los recursos disponibles en cada momento.

Conceptos básicos de este tipo de Emprendimiento que terminarán marcando la diferencia:

1. Conocimiento superior del terreno. Para poder diferenciarnos aquí de las grandes corporaciones con sus grandes equipos, herramientas y presupuestos la clave está en definir el terreno de combate. Este debe ser lo suficientemente pequeño para que los grandes no hayan podido entrar en detalle y lo suficientemente grande para nuestro modelo de negocio.

Una estrategia muy común es trabajar diferentes nichos de mercado, conocerlos de manera específica y detallada para poner toda nuestra capacidad en la batalla en esos pequeños espacios que para nosotros, debido a nuestro tamaño, serán suficientes para alcanzar nuestros objetivos.

2. Apoyo de la población local. Otra de las grandes ventajas que debemos explotar como pymes es nuestra cercanía al cliente, siempre mucho mayor que la que puedan tener las grandes empresas.

Dispondremos de más información y contacto con la realidad concreta de nuestros clientes potenciales y sus necesidades insatisfechas.

3. Operar de manera oculta y sorpresiva. Como ya habrás comprobado, es mucho más fácil obtener información de los grandes actores de un mercado que de las miles de pequeñas empresas que operan en él.

Nuestro tamaño contribuirá a nuestra invisibilidad y nuestras acciones, bien trabajadas provocarán la sorpresa una vez implementado nuestro plan.

4. Moverse con rapidez y reunirse y dispersarse sin dejar rastro. Para una pyme estos deben ser sus dos principales hechos diferenciales, la rapidez y la flexibilidad.

Por nuestro tamaño, nuestras estructuras y nuestra cultura de empresa, las pymes somos mucho más rápidas para adaptarnos al mercado y las necesidades de los clientes.

Las grandes empresas son estructuras pesadas que requieren tiempo y esfuerzo para adaptarse, tiempo y esfuerzo que solo pondrán sobre la mesa cuando hablamos de una masa crítica de clientes, fundamental para su rentabilidad, pero que no se moverán para cubrir nichos pequeños que no afectan a su modelo principal.

5. Subordina todo al hostigamiento en vez de a la conquista convencional de terreno. Diferentes objetivos, convivencia posible. Nuestro objetivo como pymes, alcanzar nichos, clientes suficientes para rentabilizar nuestro negocio, que por definición, tiene una estructura infinitamente menor que la de las grandes empresas.

Para una pyme o un *free lance*, con las migas de los grandes puede construir un negocio tremendamente rentable, no necesita conquistar el terreno, hacerse líder del mismo, le vale con quitar pequeñas porciones del mismo.

6. Una guerra atomizada y dispersa. Una guerra que podemos ganar sin hacer que nuestro competidor la pierda, fundamental para poder perpetuar nuestro negocio.

Si somos capaces de atomizar, de dividir el mercado en trocitos tan pequeños que sean invisibles para la gran empresa que domina el sector, podremos convivir sin un enfrentamiento directo, algo que, como en las guerras de verdad, no nos interesa cuando el tamaño del adversario es tan grande y el nuestro tan pequeño.

7. Alcanzar objetivos estratégicos. Podremos alcanzar nuestros objetivos estratégicos sin necesidad de una confrontación directa y en campo abierto, que seguro perderíamos.

Fundamental definir objetivos estratégicos, elegir las batallas que queremos librar, ni una más, ni una menos. Y una vez que tenemos claro que será la estrategia de Guerrilla la mejor opción para conseguir nuestros objetivos en mercados dominados por grandes corporaciones, debemos despojarnos del glamur de la lucha del pequeño frente al grande y ponernos a trabajar, el camino no será fácil y la lucha será dura.

Fundamentos del Emprendimiento de Guerrilla

Puntos clave para aplicar este tipo de Emprendimiento

¿Cuál es nuestro objetivo?

Como para toda empresa o negocio nuestro objetivo es generar riqueza para la compañía, hacer que nuestro negocio sea rentable, que nuestros ingresos sean superiores a nuestros gastos.

En esta ecuación hay tres factores fundamentales, los ingresos, los gastos y el beneficio.

Empezando por el beneficio, este debe ser suficiente para justificar la inversión en nuestra empresa o negocio, inversión económica pero también en tiempo y dedicación de sus integrantes.

Una empresa con beneficios insuficientes, es un negocio que aún no está consiguiendo sus objetivos.

Los gastos son inevitables en cualquier proyecto empresarial, debemos convivir con ellos, pero también debemos trabajarlos de manera continua para mantenerlos lo más ajustados posibles, recuerda que el beneficio es la diferencia entre los ingresos y los gastos.

Una de las ventajas competitivas de una pyme debe ser su simplicidad estructural que permita trabajar con un esquema de costes flexible y variable en función de las necesidades del momento.

La mayor desventaja, las economías de escala que permitirá a las grandes empresas un acceso más ventajoso a muchos productos y servicios necesarios para el funcionamiento del negocio.

Y por último los ingresos, la capacidad de obtener ingresos suficientes para cubrir los gastos, recuperar las inversiones y generar riqueza adicional consiguiendo así nuestros objetivos como proyecto empresarial.

Nuestra exigencia de ingresos para llegar a nuestros objetivos seguramente será muy inferior a la de los grandes competidores, nuestra estructura de gastos también, así como nuestro nivel de operaciones. Como pymes, podemos concentrarnos en pequeñas escaramuzas y operaciones para conseguir los clientes necesarios, un número que en la mayoría de los casos no será relevante o importante para los resultados de las grandes corporaciones.

¿Cuál será nuestra estrategia?

La estrategia debe estar ajustada a nuestros objetivos, por eso es importante definirlos y cuantificarlos. Una vez que tenemos claros los objetivos debemos saber con qué contamos para la batalla, deberemos realizar un DAFO, un estudio de debilidades, amenazas, fortalezas y oportunidades, que nos permitirá centrarnos y potenciar nuestras ventajas competitivas, pero además, neutralizar las desventajas de nuestro proyecto empresarial en el sector donde vamos a competir.

Además de conocer a nuestro ejército, su armamento, sus habilidades y sus competencias, es importante hacer lo mismo con nuestra competencia.

Un estudio de la competencia es fundamental en el Emprendimiento de Guerrilla, debemos saber los puntos flacos de nuestro enemigo, sus debilidades, y también sus fortalezas y capacidades.

Una vez tengamos nuestro DAFO y el de la competencia perfectamente estudiado, otro factor importante para nuestra estrategia será el momento, no será la misma estrategia la que utilizaremos para entrar en un sector o en un nicho en el que hay ya competencia asentada que si estamos conquistando negocio sin barreras de entrada.

No se lucha igual cuando el enemigo está ya fortificado defendiendo su territorio que cuando el terreno está por conquistar.

¿Dónde plantearemos batalla?

Uno de los nuevos modelos de negocio que han contribuido a la revolución de los negocios digitales y no digitales es el *Long Tail*.

Hablamos de un concepto atribuido a Chris Anderson en su libro La economía *Long Tail.*

Tradicionalmente, los modelos de negocio se han diseñado para centrarnos en los mercados de masas, un terreno donde claramente tienen ventaja las grandes corporaciones, con más medios, herramientas y equipos.

Basándonos en la regla de Pareto: el 20% de los productos generarán el 80% de las ventas. Los grandes actores del mercado, lógicamente, se centrarán en vender todavía más los productos que tienen más demanda.

Podemos distinguir dos tipos de ventas/clientes/productos:

Cabeza del gráfico. Estos son los productos más populares, los clientes masivos, las ventas de mayor volumen.

Cola del gráfico. Aquí se acumula una serie diversa de productos, clientes o de ventas que tienen demanda, eso sí, menor que en el caso de la cabeza, pero que acumulada, puede llegar a ser muy importante.

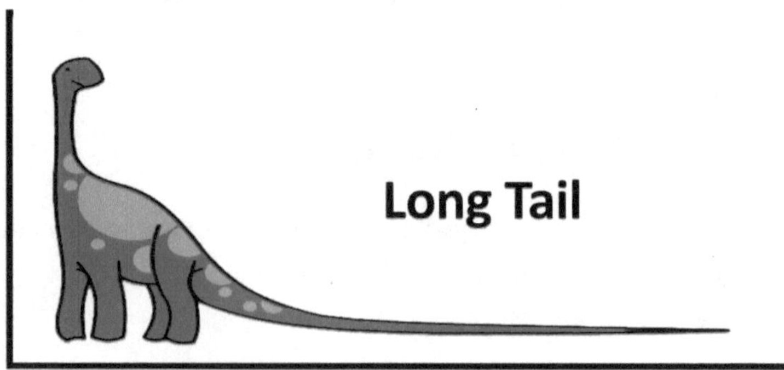

Una opción interesante es centrarnos en productos, clientes y ventas en la cola del gráfico, tendremos buenas posibilidades de conquistar nuestros objetivos de ventas y, seguramente, nuestra competencia esté luchando en la cabeza, peleando por los grandes números.

Y sabemos, que en muchos casos, el *Long Tail* puede acumular un mayor número de clientes y ventas que la cabeza. Esto ha llevado a que grandes corporaciones como Amazon o Google lo utilicen como modelo principal en sus estrategias de negocio.

Así pues, la larga cola o *Long Tail* basa su modelo en vender menos unidades de más cosas, centrar el foco en vender un número mayor de productos, el 80% restante de la regla de Pareto, con menor volumen de ventas individual, pero que acumulado puede llegar a superar al modelo de cabeza.

Y ¿por qué sucede esto?, por el cambio en las preferencias de los consumidores que apuestan por productos o servicios de nicho, casi a medida y que satisfagan mejor sus necesidades que los productos pensados para la mayoría de los clientes. Y aquí sí que tenemos un terreno ideal para plantear nuestras batallas por conseguir clientes y ventas suficientes para rentabilizar el negocio.

Ya tenemos una pequeña definición de nuestra estrategia de *targets*, pequeños nichos que buscan productos y servicios más adaptados a sus necesidades, más personalizados y que los grandes competidores cubren con sus productos masivos.

Buscar los nichos concretos en los que plantear batalla es el siguiente paso importante, debemos localizar a estos clientes, entender sus necesidades, definir un producto o servicio a medida de sus demandas con suficiente valor como para provocar el cambio en la pauta de consumo.

Y así es como la Guerrilla selecciona sus batallas, primero elige el campo de batalla, el más favorable para sus intereses, después prepara su emboscada a medida del mismo, con un plan concreto ajustado al lugar, al momento idóneo y a la generación del mayor beneficio con el menor coste para sus intereses concretos.

¿Cómo plantearemos nuestras batallas?

Aquí, como en todo, debemos utilizar nuestra diferencia competitiva a favor, por un lado, eligiendo el campo de batalla, pero también el momento y las circunstancias. Ensayamos cada movimiento, preparando las técnicas necesarias para cada enfrentamiento, seleccionamos el armamento que mejor nos puede funcionar y libramos cada batalla.

Como habrá muchas batallas y no todas las ganaremos, debemos estudiar cada una de ellas, los errores y problemas, las dificultades que nos asaltaron, las habilidades ocultas de nuestros enemigos, absolutamente todo lo necesario para mejorar nuestra técnica, para afinar nuestro sistema, esto garantizará nuestros resultados en el futuro.

Para nosotros estas batallas marcan la diferencia entre conseguir los objetivos o no hacerlo, para las grandes empresas no dejarán de ser pequeñas escaramuzas que no afectan a su cuenta de resultados.

La preparación de cada campaña en el *Marketing* de Guerrilla es fundamental, debemos contar con un sistema protocolizado que nos permita la mejora continua del proceso en aras de alcanzar la excelencia y la mayor eficacia para la obtención de nuestros objetivos.

En la mayoría de los casos deberemos suplir los menores recursos de una pyme con una fuerte preparación y disciplina en la ejecución de nuestras batallas de *marketing*.

La flexibilidad, la rapidez, la mejora continua, la definición del campo de batalla, la elección del momento y la eficacia en la utilización de las herramientas disponibles, serán nuestra mejor apuesta para conseguir los clientes y ventas necesarias en cada batalla.

Si intentas enfrentarte en campo abierto a un ejército regular que te supera 100 a 1 en efectivos y están mejor armados, simplemente serás arrasado.

Si utilizas la sorpresa, un territorio ventajoso para ti y realizas pequeñas emboscadas, podrás ganar muchas batallas, suficientes para conseguir tus objetivos.

La gran ventaja que tendrás como pyme es que para conseguir tus objetivos no te hará falta ganar la guerra, con pequeñas batallas alcanzarás tus metas.

¿Dónde queda la originalidad en el Emprendimiento de Guerrilla?

En lo importante, en la estrategia y las tácticas. Esto es una buena noticia, el *Marketing* de Guerrilla de verdad, el que te va a servir en tu negocio, no necesita de una originalidad desbordante en sus campañas, que si lo podemos aportar seguro contribuirá a sus resultados, si no que hablamos de un método perfectamente estructurado que nos permitirá, siguiendo los pasos, plantar cara en cada sector a los grandes competidores, obteniendo los clientes y ventas que necesitemos para conseguir nuestros objetivos.

Una buena estrategia basada en nuestro DAFO y el de la competencia, con un buen estudio del terreno y de la situación del mercado, nos llevará a elaborar diferentes tácticas, campañas para librar cada batalla con éxito.

La definición exacta de nuestra propuesta de valor, de nuestro producto, a medida de los clientes que queremos ganar, poniendo de manifiesto nuestras ventajas y diluyendo los inconvenientes serán clave para conseguir el éxito en cada batalla.

Las tácticas más eficientes en cada batalla, utilizando las herramientas a tu disposición, cuantas más y más especializadas mejor, las diferentes técnicas a aplicar, perfeccionadas y ensayadas hasta la saciedad, con métodos y sistemas perfectamente protocolizados que te permita sacar el mejor rendimiento de cada recurso utilizado.

Y por supuesto, la mejora continua, medición, ajuste, medición, ajuste, así de manera continua mejorando en cada iteración la eficiencia de nuestro sistema.

El Emprendimiento de Guerrilla no se basa en una idea disruptiva, en un producto o servicio que no existen, en la creatividad y originalidad de sus propuestas. Se basa en todo caso, en la creatividad y originalidad en la definición de sus estrategias, para continuar con la sistematización del método que nos lleve a la excelencia en cada batalla, a la eficacia del sistema basándonos en la eficiencia de cada parte del proceso.

Son buenas noticias para las pymes, aplicando el método, formándose para usar las diferentes herramientas y creando un sistema de mejora continua estarán listas para luchar con cualquier Goliat que encuentren en su sector, para ganar los clientes necesarios para conseguir sus objetivos.

Y de esto va el Emprendimiento de Guerrilla, de cómo crear tu propio método para conseguir clientes y ventas que te acerquen a tus objetivos, poniendo en valor tus ventajas competitivas y diluyendo tus puntos débiles, eligiendo los clientes para tu negocio y las mejores técnicas y herramientas para no dejarlos escapar.

Modelos de negocio

Cómo obtendremos
beneficio en nuestro proyecto

Todo negocio, pyme, comercio, autónomo, *free lance* que desarrolla una actividad económica debe tener al menos, un modelo de negocio que le permita obtener ingresos que finalmente se transformen en beneficios.

El modelo de negocio es la receta que nos permitirá generar beneficio a partir de una actividad concreta, donde definiremos nuestro producto o servicio, los clientes a quienes se lo ofreceremos, el sistema para hacerlo, el precio, los costes, las herramientas necesarias, todo el engranaje que nos permitirá construir beneficio.

Como decía al principio, todo negocio debe tener al menos un modelo de negocio, pero lo que marcará la diferencia es contar con más de uno, más de dos y de tres.

Múltiples modelos de negocio diversificarán tu sistema de beneficios, en muchos casos lo complementará permitiendo alcanzar tus objetivos antes de lo previsto, y tal vez, utilizar restos de tus otros modelos de negocio para girar de nuevo la rueda de los beneficios.

Y te preguntarás, ¿un comercio de calle, que vende ropa, o fruta, o cuidado de uñas, tiene un modelo de negocio?

Si, todo negocio que aspira a conseguir beneficios cuenta con un modelo, mejor o peor, más afinado o menos, más eficiente o menos, más trabajado o menos, pero tiene un sistema para intentar ganar dinero.

Lo importante es asimilar ese modelo principal, trabajar sus partes para hacerlas más efectivas y finalmente conseguir mayor eficiencia del sistema. Además una buena estrategia es definir nuevos modelos de negocio.

Imagina que tienes un bar que da desayunos, comidas y cenas a todo aquel que pasa por la calle y así lo desea.

En su momento definimos nuestro modelo, ¿tendríamos un menú del día, ofreceríamos también una carta?, ¿qué precio cobraríamos?, ¿para qué tipo de cliente prepararemos nuestra oferta?, ¿qué nos diferenciará del bar contiguo?, ¿dónde compraremos nuestra materia prima?, ¿qué cocina necesitamos para el volumen de clientes que pretendemos atender? y ¿cuál será el personal óptimo para ellos? Mil preguntas cuyas respuestas conforman nuestro modelo de negocio.

Ahora te propongo que, utilizando parte de la inversión ya realizada y buscando cubrir los huecos menos productivos de tu negocio, ¿qué se te puede ocurrir como nuevo modelo de negocio para diversificar los ingresos?

Pues imagina que se nos ocurre ofrecer un menú para llevar, pensado para las personas mayores que no quieren cocinar o para los empleados que comen en la oficina.

Deberemos definir nuevas materias primas que necesitaremos, por ejemplo, los envases para llevar, tal vez sea un menú diferente, pensado para estos clientes tipo, con una comunicación diferente, tal vez un plan de *marketing* totalmente nuevo, definido para esta línea de negocio.

Imagina que ya lo has puesto en marcha y tu negocio no solamente da 100 comidas en tu salón, si no que vende 30 menús para llevar, seguramente obtendrás beneficios por ambas actividades y tu negocio no solo dependerá del modelo principal.

Y esta operación de crear nuevos modelos de negocio, la puedes repetir cuantas veces quieras, no siempre te funcionará, pero contarás con el respaldo de los modelos de negocio ya consolidados.

Así que, tanto si vas a comenzar un negocio, innegociable, como si ya tienes un modelo consolidado y quieres diversificar, la generación de modelos de negocio para tu proyecto te traerá grandes beneficios, no solo económicos, también en la reducción de riesgo, y por qué no, en la evolución y diferenciación de tu propuesta.

Pero, ¿cómo definimos un modelo de negocio? Responde a las siguientes preguntas y estarás construyendo una nueva máquina de beneficios para tu proyecto empresarial.

¿Quiénes van a ser mis clientes?, en nuestro ejemplo del bar y el nuevo modelo de negocio propusimos a las personas mayores que no quieren o pueden cocinar y a los trabajadores que comen en la oficina. Está claro que debes estudiar tu mercado, en este caso la zona en la que estás, ¿hay oficinas?, ¿hay gente mayor?

¿Cuál es mi propuesta de valor?, qué vamos a ofrecer, un menú igual al que ofrecemos en el salón, será diferente, ofreceremos un servicio a domicilio o a la oficina, ¿qué precio le daremos al menú?

¿Cómo llegarán los clientes hasta mi producto?, ¿utilizaremos el boca-oído?, ¿lo potenciaremos entregando publicidad o incluso ofertas a los trabajadores que acuden al salón?, ¿haremos visitas a las oficinas ofreciendo una degustación a sus empleados?, ¿haremos descuentos especiales para jubilados?, ¿ofreceremos un servicio mensual de comida? Aquí es donde nuestro *Marketing* de Guerrilla nos ayudará a poner en marcha el modelo y conseguir beneficios.

¿Cómo será la relación con mis clientes?, importante, saber cómo quieren nuestros clientes ser atendidos. Entenderás que un sistema de encargo de menú vía Internet, completamente automatizado puede ser un buen sistema para nuestro modelo de negocio menú a la oficina, los trabajadores seguro que antepondrán la velocidad y sencillez a la atención directa de un sistema telefónico, pero, y ¿los mayores? ¿no lo harías diferente para este tipo de cliente?

¿Cómo generaré ingresos?, parecerá obvio, cobrando los menús… ya sí, claro, pero y ¿si vendemos bonos de 10 comidas para los empleados de las oficinas, con un precio más ajustado pero que nos permita fidelizar al cliente, o si este bono le da derecho a una tostada con su desayuno y así nos aseguramos también el café de la mañana? O, para la gente mayor, ¿preparamos un menú mensual, para cada día de la semana, especial para cada cliente, teniendo en cuenta sus necesidades nutricionales, alergias, contenido en sal, etc.? Como ves, aquí también podemos innovar y probar nuevos modelos con sus ventajas e inconvenientes.

¿Qué recursos necesito?, si es tu primer modelo de negocio tendrás que proveerte de todo, si estamos generando el segundo o el tercero, lo ideal es que parte de estos recursos venga de una utilización más eficiente de los que ya tienes. En nuestro caso, ya tenemos al cocinero, la cocina, el camarero que responde al teléfono… pero necesitaremos recursos nuevos, en nuestro caso, los envases para la comida a domicilio, seguramente, si no hemos podido reutilizar un recurso ya existente, personal nuevo para el reparto, necesidades de marketing, aunque sea *Marketing* de Guerrilla algo tendremos que invertir.

¿Qué tareas son imprescindibles?, al igual que con los recursos, no es lo mismo el modelo inicial de negocio que la definición de nuevos. En nuestro caso, tendremos nuevas tareas como revisar los pedidos por internet, preparar la comida para el repartidor, ajustar la salida de cocina con el reparto, etc.

¿Qué acuerdos con terceros necesito?, en nuestro caso podríamos llegar a un acuerdo con una empresa de reparto de comida a domicilio y no ocuparnos nosotros de esa tarea, o imagina un acuerdo con un centro empresarial para atender a las empresas de sus oficinas, o para servir desayunos de trabajo.

¿Qué estructura necesito?, toda nueva actividad que ponga en marcha requerirá una estructura, que esa estructura ya esté disponible por otro modelo de negocio y esté infrautilizada, pues genial, contribuiremos a la eficacia de nuestro negocio, pero, debemos ser conscientes de la estructura que necesita cada modelo porque no siempre vamos a poder compatibilizar y en muchos casos habrá que generar estructura nueva. En nuestro bar, tal vez unas lámparas o un horno especial para mantener la comida caliente hasta que el mensajero se lleve los pedidos si el reparto lo vamos a hacer nosotros, los medios humanos para ello, el vehículo que usarán, etc.

¿Cómo lo combino todo para rentabilizar el negocio?, y aquí ya no hablamos de ingredientes, hablamos de la receta, las cantidades, el proceso, las herramientas, los métodos que nos harán transformar un puñado de ingredientes en un plato listo para ser degustado, y en ese proceso un aumento de valor desde el coste hasta los ingresos, dejando por el camino un beneficio. Segundas y terceras líneas de negocio bien definidas, contribuirán a generar más ingresos con parte de la inversión y los gastos ya realizados por el negocio principal, contribuyendo así de manera clara a la rentabilidad global.

Responde a estas preguntas para tu modelo de negocio principal, responde también en tus modelos secundarios, y tendrás un plan claro de cómo transformar materia prima en producto con valor añadido garantizando el sistema para la generación de beneficios al hacer girar la rueda del negocio, pero, ¿cómo hacemos girar las ruedas de nuestro negocio?

Con el Emprendimiento de Guerrilla. Crea tu rueda de captación de nuevos clientes con un plan de *marketing* y el método EDAM para cada línea, trabaja sus diferentes apartados para la puesta en marcha y para la mejora continua y no pierdas ninguna oportunidad de generar ventas y hacer crecer tus beneficios.

⬇ INFORMACIÓN ADICIONAL

Si quieres ampliar tus conocimientos sobre este tema, no olvides consultar el magnet gratuito *10 acciones originales y baratas para captar clientes* .

www.emprendimientoguerrilla.guiaburros.es/contenidoadicional

Método EDAM.
Marketing de Guerrilla

El método para conseguir clientes
luchando contra Goliat

Estrategia. Definición. Acción. Mejora

Este método te permitirá luchar contra grandes empresas en tu sector, por muy establecidas que ya estén o mucho tamaño y volumen de negocio que acaparen en el mercado.

Si sigues este esquema y haces girar las diferentes ruedas del sistema conseguirás tu propio método para hacerte con los clientes y las ventas necesarias para la consecución de tus objetivos económicos.

El método es muy sencillo de entender y poner en marcha, eso sí, no es fácil hacerlo funcionar de manera eficiente, deberás trabajar duro en su despliegue y posteriormente en su mejora continua, pero tendrás la seguridad, una vez en funcionamiento, de contar con un flujo continuo de clientes y ventas para la obtención de la facturación necesaria.

El objetivo lo doy por trabajado, entiendo que ya sabes lo que quieres conseguir en cada etapa, qué facturación es la que necesitas para cubrir los gastos y obtener beneficios, así que vamos a construir el motor necesario, el motor EDAM.

EDAM. Estrategia. Definición. Acción y Mejora. Y aquí ya empiezan las sorpresas.

¿Estrategia antes que definición del producto?, ¿no deberíamos tener primero el producto y después buscar la estrategia de comercialización?

Pues es que el método iba a tener un nombre muy raro, DEAM, es broma.

Este orden tiene más importancia de la que en un principio puede parecer. ¿Definimos una estrategia para un producto ya creado? O ¿la definición del producto es parte de la estrategia?

Pues bien, en el Emprendimiento de Guerrilla siempre intentaremos hacer un producto a medida de nuestra estrategia, eso sí, cuando digo definir un producto no hablo de crearlo, el producto físico o el servicio puede estar ya más o menos predefinido, pero será la estrategia la que termine de definirlo y darle los atributos y argumentos concretos para atender las necesidades del nicho o los nichos que en la estrategia salgan elegidos.

¿Por qué partir de las limitaciones de un producto completamente definido?, ¿por qué no adaptarlo a las necesidades y requerimientos de nuestros clientes elegidos?

Además, como verás, el método EDAM no es un método lineal, donde cada fase salta linealmente, empieza y termina, hablamos mejor de una serie de engranajes que giran durante el proceso en diferentes momentos y que nos permiten redefinir la estrategia, la definición, las acciones y la mejora durante el mismo, garantizando es- tar en cada momento lo más ajustados a la realidad del mercado.

Así que, aunque por motivos de legibilidad iremos presentando las cuatro fases en orden, como verás en el funcionamiento del método, cada una de las cuatro ruedas girará de manera continua durante todo el proceso.

Estrategia

El plan maestro que será capaz de alinear nuestros objetivos y nos permitirá poco a poco avanzar en la dirección adecuada.

Eso sí, para trazar un buen plan necesitamos información, conocer al enemigo, la competencia:

— Su posición en la zona que queremos conquistar, su penetración en el mercado.

— El armamento del que dispone, las soluciones que ofrece su producto en el mercado.

— Las zonas que no tiene bien protegidas, los clientes con necesidades insatisfechas.

— Sus ventajas operativas, qué sistemas y herramientas utiliza.

— Sus fortificaciones y sistemas defensivos, las barreras de entrada que ha construido.

— Análisis de ventajas y debilidades del enemigo, DAFO de la competencia.

Una vez dispongamos de toda la información, estaremos listos para preparar esa primera versión de nuestra estrategia, un plan que, adaptado a nuestros medios y posibilidades, nos permita ganar terreno, conseguir clientes, llegar a nuestros objetivos.

Definición de producto

Importantísimo no renunciar a este punto, ¿por qué obligarnos a luchar con un armamento determinado, cerrado, encorsetado? Define un producto a medida de tu estrategia y adáptalo las veces que haga falta, ¿por qué?, ¿cuál es el objetivo, vender el producto ya definido? O ¿conseguir el beneficio necesario?

Fundamental, flexibilidad, no te cases con una idea, un producto, una estrategia, una acción determinada, apunta al objetivo y mueve las ruedas hasta que el resultado sea el elegido.

Así que, según nuestra estrategia, y, como parte de ella, definamos el producto que mejor pueda resolver las necesidades de nuestros clientes seleccionados, que se ajuste como un guante, que nos dé ventaja competitiva y una razón suficientemente poderosa para obrar el milagro de conseguir un nuevo cliente, un pequeño territorio conquistado.

En este punto es muy importante entender qué es la definición de un producto, por qué puedes estar pensando que en tu caso el producto o el servicio ya existe, incluso no depende de ti, ya está fabricado y ahora, lo que necesitas es venderlo.

Bueno, cuando hablamos de producto, no solo hablamos del servicio ya definido o del producto ya fabricado, de hecho, la parte más importante y la que te diferenciará de otros competidores que venden el mismo producto o servicio proporcionado por un tercero, es la capa de *marketing* que le vas a dar.

Desde el caso más rígido, por ejemplo, la venta de teléfonos móviles de una marca determinada, hasta casos más moldeables como productos o servicios propios, tienen una capa de definición de producto que marca la diferencia con el negocio con el que competimos.

Ejemplo del caso más rígido, venta de móviles de una determinada marca:

Está claro que no van a cambiar el modelo de móvil por ti, que supones un grano de arena en su playa comercial, pero aun así, tú sí que puedes aportar valor que contribuya a esa diferenciación necesaria. Imagina que dentro de tu estrategia has decidido apoderarte del terreno de la tercera edad, has medido y hay suficiente mercado, además no tienen un alto grado de satisfacción con el servicio general que reciben, la competencia ofrece el mismo producto que al resto de clientes, necesitamos definir el producto para llegar a ese público.

Definición de producto. El móvil a vender es el que es, el mismo de la tienda de al lado y el mismo que puedes encontrar en unos grandes almacenes, pero tu producto está definido para las personas mayores, ¿cómo?

Ofreceremos servicios sobre el producto que lo hagan más atractivo para el público que queremos captar, por ejemplo:

— Configuración con iconos y letras grandes.

— Servicio de traspaso de contactos y material multimedia del móvil antiguo al nuevo.

— Configuración e instalación de las aplicaciones que utiliza el usuario habitualmente.

— Formación para el uso de las nuevas tecnologías, etc.

Es solamente un ejemplo con el que pretendo hacerte ver que la definición del producto es siempre posible y una buena estrategia para centrarnos en las necesidades insatisfechas del cliente tipo que queremos captar.

Acciones

La estrategia es fundamental para optar a conseguir nuestros objetivos a medio y largo plazo, pero las acciones, la táctica, es imprescindible para ir avanzando cada paso del camino a nuestras metas.

Aquí es donde el *Marketing* de Guerrilla de las grandes empresas pone su foco, acciones originales que llamen la atención y consigan la viralización necesaria para afectar de manera positiva la consecución de sus objetivos.

Sin embargo, esto a nosotros no nos vale, esto es caro, muy caro y normalmente se apoya en un trabajo de marca muy consolidado que nosotros como pyme, como pequeño negocio, no tenemos.

Para las grandes empresas resulta barato, sobre todo comparado con otras acciones que hacen en medios de comunicación de masas.

Nuestro *Marketing* de Guerrilla será original en las acciones que elija, en su combinación, pero en esta parte, la más ligada a los costes y gastos de la batalla, su mantra estará más en la eficacia de cada acción y no en la posibilidad de viralización con la que juegan los directores de *marketing* de una gran empresa al utilizar el *Marketing* de Guerrilla.

En las acciones jugaremos otra de nuestras ventajas, la velocidad, que nos permitirá ir utilizando los miles de canales que tenemos a nuestra disposición para que, como francotiradores, consigamos ir ganando clientes para nuestra propuesta sin que el enemigo, la competencia, se dé cuenta de nuestra táctica e intente neutralizarla.

Vital, ser eficaces, no solo eficientes, no solo queremos ejecutar nuestras acciones de manera correcta, necesitamos obtener grandes resultados con el menor uso de recursos necesarios, resultados alineados a la consecución de nuestros objetivos. Y aquí sí, sé todo lo original que quieras, pero no por el premio a la originalidad, si no por la sorpresa que provocarás en tu competencia y la ventaja que te dará para arrebatarles los clientes.

Muy importante que conozcas todas las herramientas y canales a tu disposición, que los entrenes, que los trabajes, que no dejes nada a la improvisación una vez que estés en directo en la batalla y que, en cada momento, seas capaz de elegir la acción más eficiente para la consecución de los objetivos.

Esta es la parte de entrenamiento en la selva, una parte de información, conocer el armamento disponible, otra de habilidad y manejo de cada una de las armas en el terreno que hemos decidido para el combate y después, la experiencia en batalla real que la irás consiguiendo poco a poco, mejorando después de cada escaramuza tu técnica y tu sistema, con nuestra última parte del sistema, la mejora continua.

Mejora continua

Proceso por el cual iremos aprendiendo, configurando y ajustando nuestro motor para conseguir cada vez mejores resultados con un coste más ajustado, un sistema más eficiente que nos llevará, con una buena estrategia y definición a la eficacia del método.

La mejora continua es fundamental para mantener los engranajes funcionando, requiere un esfuerzo continuo, medición, análisis, adaptación y vuelta al principio, ¿hasta cuándo? Para siempre.

Así que, con este panorama de trabajo continuo, más te vale construir unos buenos cimientos desde el principio, pilares basados en la estandarización de los indicadores que debes medir, en los datos que te permitirán detectar tendencia y desviaciones, y en los elementos susceptibles de marcar la diferencia en los resultados finales.

Piensa que una variación de una décima en un porcentaje de conversión puede transformarse en miles de euros de beneficio, o un pequeño cambio en la llamada a la acción de un anuncio multiplicar su efectividad y con ello, sus resultados.

Pues en eso consiste la mejora continua, en medir, ajustar, volver a medir y quedarnos continuamente con la opción que mejora el sistema, que mejora nuestros resultados.

Un trabajo exigente que marcará la diferencia, un trabajo que requiere método, técnica y constancia, pero también velocidad, flexibilidad, creatividad y originalidad.

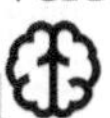 RECUERDA

Lo que no se puede medir, no se puede mejorar, o al menos no se puede mejorar de manera sistemática.

Engranajes EDAM

El método EDAM no es un método estático, su éxito se basa en la adaptación continua a la situación, algo que seguro ya tienes claro que es una de las máximas del Emprendimiento de Guerrilla y una de las debilidades de los Goliat del mercado, su velocidad para adaptarse a los cambios.

Por eso, como buen método de Emprendimiento de Guerrilla, el método EDAM está preparado para que cualquier cambio interno o externo genere una adaptación inmediata y nos permita beneficiarnos de la situación.

Como puedes ver en la primera parte del gráfico es la estrategia la que comienza el movimiento del sistema que hace girar la rueda de la definición de nuestro producto y servicio, que a su vez hará girar el engranaje de las acciones o tácticas sobre el terreno para captar clientes y conseguir facturación.

Las acciones requieren medición continua que nos permita optimizar y ajustar las diferentes acciones para conseguir la mejora continua en los procesos que nos lleven hacia la eficiencia de cada una de ellas y la eficacia global del sistema.

Una vez puesto en marcha el sistema y lanzadas las acciones, será la rueda de la medición y el ajuste la que haga girar el engranaje de las diferentes acciones, pudiendo también subir, aunque de manera más suave, a los engranajes de la definición e incluso de la estrategia.

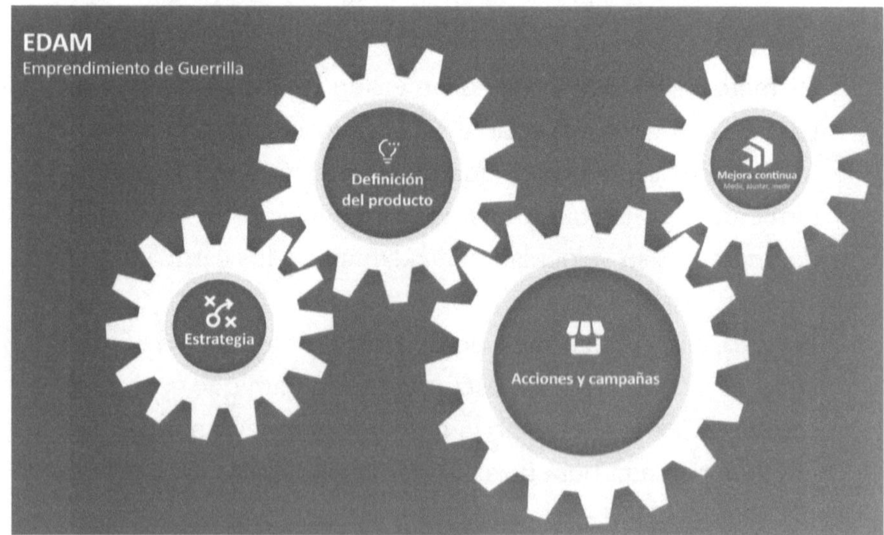

Recuerda, no nos enamoramos de la solución, el producto o servicio, trabajamos para minimizar el problema, la necesidad, y si eso implica cambiar la solución, pues se cambia, o mejor todavía se adapta y se mejora también de manera continua, contribuyendo así a tener el mejor producto o servicio en cada momento de nuestro proyecto.

Y la estrategia, ¿está fija o se adapta?, está claro ¿verdad?

Como rueda mayor y más alejada de la acción, lo debe hacer de manera tranquila y progresiva, no podemos permitirnos la impaciencia que nos llevaría a muchos casos a cambiar nuestra estrategia de manera continua sin dar tiempo a que el resto de ruedas se vayan acoplando y optimizando. Sin saber si realmente funcionaba o no.

Por eso es importante ver nuestro Emprendimiento de Guerrilla y el método EDAM como un conjunto de engranajes que están interrelacionados y que con su movimiento acompasado irán generando los objetivos y metas que nos hemos planteado en cada línea de negocio en funcionamiento.

Y con esta visión, el método EDAM te permitirá definir tu proyecto de emprendimiento para cualquier negocio o línea de negocio que quieras poner en marcha con las siguientes ventajas:

Diseño a medida, cada EDAM es único y está creado a medida de nuestro negocio, ya sea un comercio de calle, un negocio digital, una fábrica que exporta, un distribuidor de alimentación, que tenga un producto o mil, que ofrezca un servicio, etc. Lo podemos aplicar a cualquier negocio.

Velocidad de puesta en marcha, la puesta en marcha solo depende de ti, de la dedicación inicial, de la definición del modelo, y en pocos días tendrás tu EDAM listo para echar a rodar.

Adaptación a recursos existentes, de nada nos serviría un método que cuenta con recursos, humanos o materiales de los que no disponemos, no es el caso, EDAM se adapta a lo que tienes y permite a cualquier negocio presentar batalla para conseguir nuevos clientes y facturación.

Velocidad de adaptación, una de las grandes fortalezas de las pymes y *free lance* y una gran debilidad de los Goliat de los mercados. EDAM con sus engranajes te permitirá adaptarte rápida y suavemente a la realidad cambiante de la economía, disfrutando desde el primer momento de las oportunidades que surgen.

Enfoque a la mejora continua y la eficiencia, no nos podemos permitir un sistema optimizado solo para la situación actual, en un segundo puede cambiar y no podemos invertir en un nuevo plan. EDAM no te ofrece un plan de *marketing*, pone a tu disposición la máquina que los genera y optimiza en cada momento.

Flexibilidad, otra de las ventajas competitivas de las pymes y los *freel ance* la flexibilidad de sus estructuras, algo que EDAM explota en todo su sistema, ofreciendo soluciones moldeables y no planes estancos y rígidos que una vez puestos en marcha no tienen capacidad de adaptación.

Ampliación e integración, el sistema te permite incluir en cualquier momento nuevas acciones y/o nuevos productos o servicios en tu negocio sin tener que empezar de cero en la definición de la máquina para generar clientes y nueva facturación. Nuevos canales de captación, nuevas campañas, productos o servicios con una adaptación personalizada a un nicho concreto de posibles clientes, todo integrable en nuestra máquina ya en funcionamiento.

Coste de mantenimiento reducido, una vez puesto en marcha solamente tendremos que, de manera continua eso sí, engrasar los engranajes con pequeños ajustes, y esperar al siguiente punto de medición para volver a ajustar. Tendremos una máquina para generar clientes de manera automática y continua con un reducido coste de mantenimiento.

Así pues, podemos concluir que el método EDAM de Emprendimiento de Guerrilla es válido para cualquier negocio, independiente del sector, modelo de negocio, recursos y herramientas disponibles, convirtiéndose en el sistema de crecimiento y consecución de objetivos más importantes para pymes y autónomos.

Así que sigue leyendo, entramos en la definición de cada engranaje, de cada pieza del motor de generación de clientes para tu negocio.

Según avances con las piezas adáptalas a tu negocio, y así, junto con el resto, te servirán para poner en marcha el camino hacia tus objetivos.

Si aún no te has descargado el Magnet *10 acciones originales y baratas para captar clientes*, estás a tiempo, corre a nuestra web, allí lo encontrarás de manera gratuita. .

www.emprendimientoguerrilla.guiaburros.es/contenidoadicional

Estrategia,
paso uno método EDAM

Lo primero que debemos hacer en nuestro Emprendimiento de Guerrilla

Lo primero, la información. ¿Cómo diseñarás una estrategia eficaz si no cuentas con la información necesaria? Es prácticamente imposible.

Necesitamos datos, información, poner a nuestros servicios de inteligencia a estudiar el terreno, a nuestros enemigos, su armamento, sus intereses, sus tácticas, sus medios…

Eso sí, en el Emprendimiento de Guerrilla, este proceso lo haremos nosotros, y en este punto, cuanto más tiempo y esfuerzo invirtamos en obtener una visión clara del terreno y las condiciones en las que pelearemos cada cliente y cada venta, más eficientes serán nuestros métodos y más rentable nuestro negocio.

 **IMPORTANTE**

La información siempre será una inversión, nunca un gasto, nos ayudará a conseguir nuestros objetivos racionalizando nuestra estrategia para ello.

¿Qué información necesito?

Necesitaremos al menos tres informes, lo más trabajados posibles, por un lado, el estudio de mercado que nos permitirá conocer el sector y el propio mercado en que competiremos, el estudio de la competencia, para conocer al enemigo, su posición en el mercado, su diferenciación, sus debilidades, las herramientas que utiliza, los precios que tiene, y por último, pero no menos importante un estudio de clientes, tipos, necesidades insatisfechas, factores de cambio, etc.

Parece complicado, pero como verás en los siguientes apartados podrás realizarlos tú mismo ayudándote de Internet o, en negocio locales, con un pequeño trabajo de campo.

Estudio de mercado

Primero, un estudio de mercado, debemos conocer el sector en el que vamos a realizar nuestra actividad, qué actores están ya explotando este mercado, qué barreras de entrada han construido, qué nichos de clientes son más susceptibles de cambiar de proveedor, ¿por qué?, etc.

Cuando hablamos de mercado, hablamos del sector en general, cuáles son sus protocolos, sus rutinas, su estructura de costes, sus peculiaridades de negocio, sus acciones de *marketing* más habituales, pero también, muy importante tu mercado concreto, si tienes un negocio de barrio, la competencia que tienes a pocos metros de tu local, negocios que compiten en la misma zona geográfica y con una propuesta similar.

Es cierto que en el análisis de mercado debemos conocer la competencia de nuestro negocio, sus rasgos generales, pero será en el estudio de competencia donde explorar la oferta de valor y la diferenciación de cada uno de ellos donde encontraremos el hueco que nos permita desembarcar y posicionarnos rápidamente dentro del negocio.

Así que en el estudio de mercado céntrate en el mercado, en la competencia sí, pero también en los clientes potenciales, en sus necesidades, algunas cubiertas y otras no, en las dinámicas ya existentes, en los usos, en la percepción del precio, en las características de consumo, etc.

En nuestro ejemplo del comercio de calle, hablaremos ahora de, por ejemplo, una frutería nueva. Debemos saber cómo se satisfacen actualmente las necesidades de fruta en nuestro ámbito de influencia, qué competidores tendremos, qué tipo de público es más propenso al consumo de fruta, qué clientes están mejor atendidos que otros, por ejemplo, los clientes muy sensibles al precio, ¿dónde comprar?, y ¿los gourmets?, y ¿el consumidor medio?, y ¿cómo afecta la relación calidad/precio?

¿Qué modelo de relación con clientes existe? Las fruterías son de autoservicio, de puesto tradicional donde nos sirven la fruta, de bandejas preenvasadas tipo supermercado, ¿hay demanda de algún tipo de frutería que no existe?

Como verás, cuanta más información recojas en esta fase mejor podrás definir un plan ganador, que te permita atraer clientes rápidamente y conseguir los ansiados beneficios con la menor incertidumbre posible.

Y, ¿cómo hacemos esto?, dependerá de tu negocio, ahora en Internet podrás encontrar prácticamente toda la información que necesitas, pero si hablamos de una frutería, de un negocio pie de calle circunscrito a una demarcación concreta, el trabajo de campo es también una muy buena opción.

Para nuestra frutería, recorre la zona y localiza e identifica la competencia, trabajo que ya habrás adelantado para el siguiente informe, pregunta a los usuarios/clientes de las fruterías, ¿por qué compran donde compran?, ¿qué echan en falta en el barrio?, ¿qué les llevaría a plantearse el cambio de frutería? Nos permitirá conocer los diferentes tipos de clientes.

Pero, además, te recomiendo que salgas de tu zona e investigues en otros barrios u otras ciudades o municipios, que recopiles ideas de negocio de otras fruterías, de cómo lo hacen en otros sitios, qué diferenciación han encontrado, cómo ofrecen su producto, etc.

Estudia el sector, estudia tu mercado, interioriza el terreno de lucha, será fundamental una vez que estés en la batalla, que estés luchando por cada nuevo cliente.

Pero, además, ponlo por escrito, esto te ayudará a no perder el rumbo en la vorágine de la batalla y seguramente encontrarás pepitas de oro en momentos más avanzados de tu proyecto.

Ya conocemos el sector general, ya hemos investigado otros mercados, tenemos ya un plano claro del mercado, del terreno donde deberemos competir, ahora llega el momento de hacer un buen estudio de la competencia, del enemigo, de la resistencia que me encontraré para conquistar clientes y ventas.

Estudio de competencia

¿No crees que es imprescindible conocer a la competencia, sus armas, sus técnicas, sus capacidades, los clientes que ya tiene, las necesidades ya satisfechas?

Pues eso es lo que debemos recopilar para el estudio de competencia, ni más ni menos.

Como ya hicimos un estudio de mercado, sabremos quién es nuestra competencia y dónde está, pero ahora debemos profundizar.

Debemos analizar el modelo de negocio que tienen, cuál es su base de clientes, por qué tienen los clientes que tienen, qué producto ofrecen, cómo crean su oferta comercial, qué diferenciación buscan y cuál es determinante para sus clientes, qué DAFO tienen, debilidades, fortalezas, amenazas y oportunidades.

Toda esta información será vital para identificar nuestra competencia real, el enemigo con el que lucharemos para conseguir clientes, piensa que no todas las fruterías serán competencia, solo las que compitan por el mismo cliente.

¿Y cómo lo hacemos?, si hablamos de comercio de cercanía con trabajo de campo, hagámonos clientes, observemos el servicio, la calidad del producto, el precio, la compra tipo, el tipo de atención, los empleados, la zona de influencia.

Te recomiendo que te sientes en un banco cercano, una mañana cualquiera y cuentes los clientes, bolsas de la compra, pero también el número de personas que pasan por la puerta, clasificándolos, hombre, mujeres, edad, actividad, etc.

¿Cuánta gente se desplaza más de X calles para comprar la fruta? o ¿cuánta gente compra en una frutería por impulso, porque pasaban por allí?

Cuestiona cada idea preconcebida que tengas y demuéstrala o refútala con la realidad, toda la información está ahí fuera, solamente hay que recopilarla y como buena estrategia de Emprendimiento de Guerrilla lo puedes hacer tú mismo sin coste.

Si tu negocio no es de calle, no es local, te recomiendo de nuevo Internet. Con un poco de práctica podrás encontrar prácticamente cualquier cosa que necesites, precios de la competencia, modelo de atención, características del producto, pero también facturación, volumen de ventas, etc.

Primero delimita en círculos tu competencia, para después estudiarla a fondo, esto te dará una ventaja competitiva importante, conocerás al enemigo, sus métodos, sus precios, su oferta y te será más fácil definir un producto que trabaje sus debilidades y desdibuje sus fortalezas, haciendo tu oferta más atractiva para ese conjunto de clientes por los que vais a luchar.

Análisis del cliente

Desde la primera pregunta, ¿quién es susceptible de consumir los productos o servicios que ofrezco?, hasta llegar a ¿qué clientes son los que quiero para mi negocio? Hay mucho trabajo que realizar.

En nuestra frutería, la primera pregunta sería ¿quién compra fruta en una frutería? Si hemos hecho un buen análisis de la competencia, tendremos ya gran parte de las respuestas, recuerda que anotamos qué tipo de personas compraba en la competencia y, cómo en el caso de las fruterías la segmentación es más por cercanía que por tipo de cliente, podremos empezar a construir nuestro cliente tipo.

Volvemos a las ideas preconcebidas, no es malo tenerlas, cuanta más experiencia acumules más tendrás, pero como te dije en el apartado anterior, confírmalas o refútalas, siempre.

En otros negocios, si no es la cercanía el principal segmentador, debemos buscarlo.

Tengo una tienda *online* de artículos de artesanía, seguramente la cercanía no influya y sí la edad, aficiones o segmentación económica. Debemos buscar esas segmentaciones para en cada una de ellas encontrar nichos o subnichos con necesidades insatisfechas.

Este sería el punto de partida, ¿quién podría comprar en mi negocio?, pero para llegar a ¿qué tipo de cliente quiero?, antes, seguramente, debamos pasar por, ¿qué tipo de cliente puedo ganar rápidamente en este sector para empezar a funcionar y facturar?, ¿qué cliente será mi objetivo para romper las barreras de entrada y empezar a introducirme en el mercado?

Este tipo de cliente "caballo de Troya" puede ser el cliente objetivo o no serlo, pero es importante identificar desde el principio cada uno de ellos, esto condicionará nuestra estrategia, que como ya sabéis en el método EDAM, debe ir cambiando y adaptándose a cada momento del proyecto. Así que dedica el tiempo que sea necesario a estudiar los clientes de tu mercado, cuanto mejor seas capaz de hablar de cada uno de ellos mejor serán tus estrategias para poder atraerlos a tu negocio.

Imagina que termino mi análisis de clientes para una frutería y detecto tres tipos de clientes:

Cliente mayor, hablamos de entre 65 y 90 años, con gran regularidad en la compra, tique medio pequeño y compras de muy pocos artículos, factor clave la distancia al negocio. Fidelidad importante.

Padres con hijos pequeños, hablamos de entre 30 y 50 años, compran fruta y verduras de manera mensual, compras grandes, buscan calidad y buen precio, tique medio alto, fidelidad media, a veces compran en el supermercado.

Parejas entre 25 y 40 años, buscan calidad, productos ecológicos, fruta preparada, frecuencia alta, pero fidelidad baja.

Esto no tiene por qué coincidir con la realidad, o mejor dicho con la realidad de tu frutería, lo que es verdad en un barrio puede no ser exacto en otro y en mi ejemplo, es directamente inventado, pero me parece que puede ayudarte a crear tus propios perfiles de cliente.

En un futuro, cuando ya estemos en una estrategia de crecimiento y rentabilidad, esta segmentación de clientes te ayudará a mejorar tu negocio para obtener tus objetivos, piensa que solo incentivando la captación de un tipo de cliente u otro podrás aumentar la facturación, o el tique medio o la rentabilidad por cliente.

Además, te lo digo por experiencia, podrás llegar a saber qué comprará cada cliente únicamente con verle entrar, que tique hará e incluso, con el tiempo, qué productos exactos serán los que llenen su carro de la compra. ¿Interesante, no?

La información es fundamental para el Emprendimiento de Guerrilla y el método EDAM, nos permitirá trazar nuestras estrategias, definir nuestra oferta, realizar acciones que nos acerquen a nuestros objetivos y mejorar de manera continua para alcanzarlos lo antes posible.

Análisis DAFO de nuestra propuesta

¿Cómo puedo hacer un DAFO de mi propuesta si todavía no la he definido? Pues aquí está la razón por la que el método EDAM empieza por la estrategia, esto te permitirá construir un producto o servicio a medida de las necesidades de tu negocio y no un negocio a medida de un producto o servicio que has creado.

Aun así, y gracias a lo que has aprendido del mercado, la competencia y los clientes potenciales, o más bien de lo que te has dado cuenta que desconoces y debes aprender, puedes ir creando tu DAFO, un análisis dinámico que deberás repetir según evolucione el proyecto.

Debilidades

Sé sincero, no vas a vender esto a nadie, es información para ti, para tu proyecto, para aplicar soluciones y reducir al máximo las carencias que tu proyecto pueda tener.

Ejemplo: al principio no podré comprar a los mayoristas principales y deberé buscar un distribuidor que me traiga el género cada día (márgenes-calidad-oferta). No podré ofrecer horario continuo el primer año. Mi nevera de conservación solo podrá ser de 2m3. Nunca he trabajado en este tipo de negocios. No conozco el barrio. Etc.

La única manera de ir eliminando las debilidades de nuestra propuesta es conocerlas, y para conocer una debilidad tenemos que saber qué es un factor importante o determinante en la oferta de nuestro sector que nosotros no tenemos resuelta o suficientemente resuelta. Por eso, es fundamental los análisis anteriores.

Una manera sencilla de empezar a encontrar nuestras debilidades, más allá de las obvias, es recopilar del análisis de la competencia los DAFOs de cada competidor, sus fortalezas, en muchos casos, nos ayudarán a encontrar, como te decía, algunas de nuestras debilidades a superar.

Y no te preocupes si la lista es grande, en las próximas páginas comprobarás la magia del Emprendimiento de Guerrilla, de cómo una supuesta debilidad, con la definición correcta del producto y servicio, puede pasar directamente a la casilla de fortalezas.

Ejemplo: puedo contarte que, en uno de mis negocios, un negocio habitualmente ofrecido por profesionales con una titulación específica y especializada, una de las debilidades empezó siendo no ser ese tipo de profesional. En la actualidad la considero una de las grandes fortalezas, me permitió definir mis servicios de una manera totalmente diferente sin los sesgos mentales de los profesionales del sector. Eso sí, durante mucho tiempo fue una debilidad, hasta que trabajándola pude cambiarla de casilla, ahora conozco el negocio mejor que cualquier profesional ofreciendo los mismos niveles de servicio, pero, además, sin las restricciones mentales que los profesionales suelen tener del negocio.

Como ves, está en tu mano eliminar o mitigar cualquier debilidad que esté en tu DAFO o, como en este caso, incluso poder cambiarla a la columna de las fortalezas.

Amenazas

Todas esas cosas que pueden amenazar a tu negocio en el futuro a corto, medio y largo plazo.

Una vez que tengas tu listado de amenazas, es importante que, en la medida de lo posible las clasifiques en corto, medio o largo plazo, así podrás ajustar tu EDAM a la situación de cada una de ellas.

Y ¿qué amenazas puede tener nuestro negocio?

Pues en el ejemplo de la frutería, podemos hablar de la apertura de otra frutería en nuestro entorno, la apertura de un supermercado con frutería, la popularización de las compras *online* de productos frescos, el cierre del negocio del fondo de la calle que hace que pasen por mi tienda mis clientes.

Como ves miles de amenazas pueden aparecer, por eso es importante pensar cosas que podría pasar y que neutralizarían o reducirían las posibilidades de tu negocio.

Por suerte, la mayoría nunca llegarán a suceder, pero si alguna pasara, ya la tendrías identificada, con el método EDAM ya se habrá reducido su importancia en tu modelo e incluso tendrás preparado el esbozo de un plan para minimizar su impacto.

Otras veces no, serán amenazas que no tenías previstas y que te obligarán a pensar y actuar rápidamente, pero mejor que sea una amenaza la que te sorprenda que no cualquier amenaza.

Ejemplo: COVID-19, esta amenaza global era muy difícil tenerla prevista, podemos decir que era imposible pensar que las tiendas estarían meses cerradas y los usuarios no podrían salir a comprar, sin embargo, un negocio de mi barrio, tras sufrir una año de obras intensas en la calle de su negocio y perder el 50% de sus clientes, se ocupó del problema, trabajó para tener un listado de sus clientes con sus *e-mails* y teléfonos móviles, sabía que si le volvía a pasar tendría herramientas para transformar su negocio y seguir dando servicio, por mucho corte que sufriera su calle.

Hasta el momento no ha vuelto a sufrir cortes de calle, pero como todos, se vio afectado por el confinamiento del COVID-19. Al día siguiente estaba informando a sus clientes, montó un servicio de entrega a domicilio y en la última conversación que tuve con ellos, me confirmaron un incremento del negocio de más del 500% durante la crisis del coronavirus. La amenaza anterior los preparó para el futuro, convirtiéndose en una oportunidad".

No te agobies con las amenazas, busca todas las que puedas, después intentaremos trabajarlas para reducir su posible impacto en nuestro negocio, como te decía, la gran mayoría no llegarán a suceder. Eso sí, todo lo que prepares, aunque no sea para una amenaza concreta, nos puede servir como futura ventaja competitiva u oportunidad en otras situaciones.

Fortalezas

Aquí también te pido sinceridad, somos especialistas en hacernos trampas al solitario, y aquí las trampas, te pueden costar mucho dinero.

Recopila las fortalezas que tienes y las que crees puedes llegar a tener, pero intenta que sea desde la realidad, desde un análisis sosegado, no me vale que apliques a un negocio tu optimismo, intenta hacer un ejercicio objetivo.

Si eres informático al frente de una frutería, seguramente tu debilidad sea que no eres o has sido frutero, pero no olvides tu fortaleza, entenderás mucho mejor los sistemas digitales de tu negocio, los de gestión, pero también los de captación de clientes.

Es importante que busques también las fortalezas que entiendas que deberías tener en el negocio que estamos analizando, si no las tienes serán ahora una debilidad, pero si pones las herramientas y los medios para resolverlo, tal vez los transformes en una fortaleza.

Así que si consideras que una fortaleza determinada debe estar en la definición de tu negocio empieza ya a trabajarla y anótala como fortaleza en construcción.

Por ejemplo, en mi frutería, entiendo que por el tipo de cliente selecto y VIP que voy a atraer, necesito conocer cada variedad de fruta y verdura, piensa que solo en manzanas podemos hablar de más de 100 variedades, piensa en setas, fresas, peras, frutas tropicales que seguramente no hayas visto nunca Tienes trabajo, pero seguro que en poco tiempo tendrás una fortaleza nueva en tu catálogo.

Así que recopila tus fortalezas, pásalas por el filtro de la objetividad, también busca las fortalezas ya identificadas y que quieres adquirir, ponte a ello cuanto antes.

Esta primera iteración del método EDAM te dará el punto de partida y marcará tu diferencia competitiva inicial, aunque no olvides que este es un proceso continuo y todo, incluido tus fortalezas, irán evolucionando.

Y sí, el Emprendimiento de Guerrilla, el método EDAM y este libro será una de tus fortalezas, conocer el sistema necesario para captar clientes, conseguir compras rentables y una fidelización continua, marcarán una gran diferencia con la mayoría de tus competidores.

Oportunidades

Poder adelantarnos a las oportunidades que puedan surgir o al menos tenerlas en nuestro radar es importante, no solo para estar preparados si suceden, también por provocarlas al menor indicio que podamos detectar.

Y aquí utiliza tu imaginación, déjate llevar, piensa en todas las cosas que podrán ir surgiendo y que, por tus fortalezas o por tus debilidades o incluso gracias a una amenaza, se puedan transformar en una nueva situación para tu negocio.

Hablamos, al igual que en las amenazas, de factores externos sobre los que tenemos poca o ninguna influencia, pero para los que podemos estar más o menos preparados y trabajar para minimizar, en el caso de las amenazas, o maximizar como en las oportunidades, sus efectos sobre nuestro negocio.

Podemos centrarnos en las variables macro. Situación económica, reglamentaria, tecnológica, social. O en variables más micro, el local contiguo se queda libre y podría alquilarlo, mi principal competencia desaparece o se cambia de zona, etc. Como puedes ver con el ejemplo micro, alquilar el local contiguo y ampliar, si surge y no he pensado en la opción con anterioridad, seguramente me lleve un tiempo asimilarlo y buscar las posibles opciones. Además siempre tendré la duda de si me interesa genuinamente o solo por no desaprovechar la circunstancia.

Las oportunidades también te harán reflexionar y visualizar el futuro de tu negocio, y, todo lo que sea la visualización de tus objetivos te acercará más ellos, no por ningún tipo de magia, simplemente porque los tendrás en la cabeza y consciente e inconscientemente orientarás tus esfuerzos hacia ellos.

Ya hemos alcanzado el objetivo de la primera fase de la estrategia, tener la información que necesitaremos para definir nuestros producto o servicio y nuestras acciones para alcanzar nuestros objetivos de la manera más eficiente posible.

¿De qué dependerá la estrategia a elegir?

Fundamentalmente de los siguientes parámetros:

Objetivos: algo de lo que no hemos hablado en este GuíaBurros de introducción al Emprendimiento de Guerrilla pero que debemos tener fijados antes de comenzar ningún plan de negocio. Importante saber que el objetivo influye también directamente en nuestra estrategia, no es lo mismo querer conseguir X en un tiempo Y, que un objetivo más o menos ambicioso en un tiempo más o menos corto.

Situación de nuestro proyecto: no será la misma estrategia si debemos entrar en un nuevo mercado y sortear las barreras de entrada que, si estamos ya dentro, funcionando y queremos ganar cuota de mercado.

Mercado en el que competiremos: nuestra estrategia debe ser consciente del mercado que vamos a atacar, número de competidores, tamaño de los mismos, grado de competencia, madurez....

Competencia: hay mercados más competidos que otros, competencia más agresiva, más estable, con un sistema de negocio más tradicional o menos.

Clientes: el tipo de cliente y los nichos que podamos identificar marcarán nuestra estrategia, no será lo mismo buscar clientes de alto poder adquisitivo que buscar clientes interesados en cómics.

Producto o servicio: que, aunque vamos a definir a medida de nuestras necesidades, siempre tendrá unas características invariables, si voy a vender teléfonos móviles, por mucho que defina el producto a mi manera, siempre será un teléfono móvil.

Nuestro DAFO: marcará claramente nuestra estrategia, debemos ser conscientes de lo que somos y de las herramientas que tenemos para identificar nuestras opciones en cada una de las batallas, ignorarlas será acudir a ciegas a la lucha por los clientes y la facturación.

Herramientas disponibles: no es lo mismo salir a competir con un único método de captación, que pudiendo elegir entre más de veinte que ya tenemos preparados y listos para ponerlos sobre la mesa cuando sea necesario.

Recursos disponibles: los recursos a nuestra disposición, humanos y materiales marcarán nuestra estrategia, las batallas que libraremos y la frecuencia de las mismas, así que es muy importante tenerlos en cuenta a la hora de la definición.

Ciclo económico: no se pelea igual en momentos de estabilidad económica que, en tiempo de crisis y oportunidades, deberemos adaptar nuestra estrategia a la situación macro de nuestra economía.

Con todo esto sobre la mesa ya puedes definir la estrategia que seguirás, el producto o servicio que necesitarás tener y las acciones que tomarás para conseguir los objetivos de tu proyecto empresarial.

Te recomiendo que la estrategia, al igual que los objetivos, estén sobre el papel, negro sobre blanco, esto te ayudará a medir el camino realizado, poder rectificar el rumbo cuando sea necesario, y lo más importante, a que no te hagas trampas en el solitario, algo a lo que tendemos todos gracias al instinto de supervivencia que en nuestra cabeza se encarga de aflorar cada vez que salimos de zona de confort.

> **RECUERDA**
>
> Las estrategias se pueden y se deben cambiar en función de los factores que influyen sobre la misma, pero es importante dar el tiempo necesario a cada estrategia, a constatar que no es la adecuada antes de descartarla, podemos estar a muy pocos días de que empiece a brindarnos resultados.

Definición, paso dos método EDAM

Definir nuestro producto/servicio a medida del cliente

Una gran ventaja competitiva de nuestro método EDAM de Emprendimiento de Guerrilla es que nos permite crear un producto o servicio a medida de nuestros clientes seleccionados en la estrategia, una oferta para cubrir sus necesidades insatisfechas, y no al revés, como suele hacerse, crear una estrategia para vender un producto que ya está definido y que permanece invariable.

EDAM es un método orientado al cliente, no al producto o servicio, ni a los canales de comercialización, ni a la estrategia; lo primero, el cliente objetivo, parte de la estrategia; después todo lo necesario para conseguir captarlo.

Así que, si tu idea es crear necesidad para después satisfacerla con tu producto, este no es tu método, el Emprendimiento de Guerrilla no es para ti.

Nuestro mantra es conseguir los clientes necesarios ofreciendo el producto o servicio que satisfaga sus necesidades, de la manera más efectiva posible, con una estrategia clara y unas acciones enfocadas siempre a conseguir los mejores resultados con el presupuesto disponible, y todo esto sobre un sistema de mejora continua que nos permite replantearnos toda la configuración introduciendo pequeñas correcciones para adaptarnos a las necesidades cambiantes de los clientes y a los vaivenes del mercado.

Otro concepto importante es el carácter evolutivo de nuestro producto o servicio, otra importante ventaja competitiva del método EDAM.

Hablamos de productos y servicios en continua evolución y adaptación, que recorren el mismo camino que sus clientes, creciendo con ellos y adaptándose siempre a sus necesidades cambiantes. Esto solo es posible en Emprendimiento de Guerrilla y estará fuera del alcance de las grandes empresas que evolucionan su oferta a grandes saltos y con muchas precauciones para no dejar a ninguno de sus clientes fuera de la nueva oferta.

Y como tercera gran diferencia con el sistema tradicional, la capacidad de personalizar nuestra oferta de producto o servicio a cada nicho concreto al que estamos tratando de atraer.

La definición de producto o servicio es siempre posible, aunque lo que vendas esté ya construido o fabricado, y tengamos poco o ningún control sobre este proceso.

De hecho, la definición del producto o servicio consiste en, "lijar, barnizar y decorar" el producto que sale de fábrica, dándole un valor añadido y permitiéndonos cubrir necesidades de un nicho concreto de clientes.

¿Cuánto podremos "lijar" para cambiar el producto?, pues no siempre es sencillo cambiar la forma del producto o servicio, en algunos casos no es posible.

> Ejemplo: venta de móviles, nos será imposible cambiar el teléfono en sí, ni sus características, ni su velocidad, ni su marca... Sin embargo, en otros muchos casos sí, en una frutería puedes vender tomates de un tipo o de otro, con una calidad específica, con una denominación concreta, etc.

Y si el producto/servicio es fabricado u ofrecido por o para ti, esta parte de la definición estará todavía más a tu disposición, y podrás moldearla más específicamente para ajustar el producto o servicio a tu estrategia de entrada en un nicho o mercado.

¿Cómo "barnizo" mi producto o servicio?, igual que cuando barnizas madera, estarás poniendo en el producto o servicio una capa más que antes no existía, una capa que mejora la oferta, que hace nuestra propuesta más deseable para el cliente potencial y que se adapta mejor a sus necesidades.

El barniz es siempre una buena técnica, no implica cambiar la base de nuestro producto, solo añadir capa tras capa de valor hasta conseguir el resultado definido en la estrategia.

> Ejemplo: el móvil que vendes es el mismo que el que vende una gran superficie, pero en tu caso, tu capa de barniz puede ser un servicio personalizado de configuración y traspaso de datos del anterior termina.

Esta capa de barniz puede funcionar muy bien si en la estrategia fijaste el nicho de personas mayores que quieren comprar un móvil inteligente.

¿Y la "decoración"?, este es el proceso más evidente, cómo visto mi producto o servicio para seducir a mi cliente objetivo.

Pues desglosando sus características y atributos y amplificando las que son más importantes para el nicho objetivo, diluyendo las que son menos importantes o incluso contraproducentes.

Aunque evidente, no es menos importante que el resto de acciones que debemos hacer en la definición de un producto o servicio. Un buen envoltorio, una buena decoración puede marcar la diferencia y contribuirá a personalizar nuestra oferta sin necesidad de cambiar nuestro producto.

Y estas son las tres maneras que tendremos para definir nuestro producto o servicio, la adaptación física y/o funcional de nuestro producto o servicio cuando sea posible, las capas de valor que podamos añadir al producto ya creado y por último la potenciación de las características y atributos de los mismos que mejor conecten con nuestros clientes objetivo.

Productos de la competencia. Atributos

Antes de tomar decisiones de definición de nuestro producto o servicio, ¿por qué no inspirarnos en los que ya tiene definida la competencia?

Si sobre el trabajo que ya hicimos en el informe sobre la competencia, complementamos la información con los atributos de sus productos, podremos por un lado igualarnos en lo que nos interese de cara a nuestros clientes objetivo, pero más importante todavía, encontrar el atributo o atributos que nos dé la ventaja competitiva necesaria como para provocar un cambio de proveedor en nuestros clientes.

Así, con el estudio de los productos de la competencia, podremos construir la oferta perfecta para nuestros clientes objetivo.

Este sistema llevado al límite es el que yo aplico en la definición de mis servicios, con una ventaja adicional, los servicios los damos nosotros y los definimos de arriba a abajo, con la única limitación de encajar los costes y los precios para su rentabilidad.

Así, creamos el producto ideal para nuestro cliente, el que le gustaría tener, el idílico. Le damos todos los atributos que son importantes para satisfacer sus necesidades y otros que pueden ser importantes a la hora de tomar decisiones, todo esto recopilando los productos de la competencia, añadiendo características que ni se os habían ocurrido, para formar el producto perfecto.

¿Quién podría tener un producto mejor? Nadie.

Eso sí, después viene el trabajo duro. Una vez definido de arriba a abajo el servicio, lo creamos.

Sé que esto no siempre es fácil, pero es la filosofía sobre la que se basa el método EDAM, construir, crear, definir el producto o servicio que mejor se adapte al cliente objetivo para satisfacer sus necesidades insatisfechas.

En muchos negocios no podrás crear de cero un producto o no será económicamente viable, se eficaz no eficiente, busca el mejor resultado posible, que la perfección no te paralice, si la lija no es posible, siempre tendrás el barniz y la pintura para personalizar tu propuesta.

En el método EDAM de Emprendimiento de Guerrilla, primero es la estrategia, después la definición, para llegar a las diferentes acciones y sus resultados que irán poco a poco ajustando las acciones, pero también la definición y la estrategia.

Compón sobre el papel el mejor producto o servicio para tu nicho objetivo y después créalo, defínelo y personalízalo.

Con la información de los productos de la competencia tendrás todas las piezas del puzle, conócelas todas, pero elige y potencia las que mejor servirán a tus objetivos estratégicos, y esto no solo una vez, de manera continua durante todo el proceso EDAM para la captación de clientes.

Análisis de necesidades insatisfechas. Clientes objetivo

También estudiamos ya en la parte de estrategia cuál sería nuestro cliente objetivo, sus características, sus perfiles de consumo, los canales que utiliza, sus preferencias de atención, etc.

Tenemos ya lo que en *marketing* llaman el *buyer persona* ese cliente ideal que queremos captar para nuestro negocio, recuerda que fue seleccionado en la fase de estrategia y lo fue por su rentabilidad, por su facilidad para cambiar de proveedor, por sus necesidades insatisfechas, por su capacidad de influencia en otros clientes, seguramente por un poco de cada una de estas cosas y muchas más.

Pues ahora lo que tenemos que hacer es analizar las necesidades insatisfechas o no bien satisfechas del cliente seleccionado, lo que en *marketing* llaman *pain,* el dolor del cliente.

Fíjate la fuerza que tiene este concepto y como lo explota el método EDAM, potenciamos los atributos que por un lado alivien los dolores de nuestro cliente objetivo, también resaltamos los que catalicen el cambio de proveedor y por último los que aporten un valor extra y tal vez todavía no descubierto.

¿Cómo podemos fallar así? Tenemos el éxito garantizado.Así es, es imposible fallar si realizamos correctamente la definición de nuestro producto y servicio, pero no te preocupes si tienes dudas a la hora de esa definición inicial, el método EDAM, con su sistema de mejora continua te ayudará durante el proceso a ajustar la definición según analices los resultados, ajustando cada parámetro para optimizar continuamente su desempeño.

Dedícale el tiempo necesario a estudiar los productos de la competencia, su estrategia, los atributos, los barnices, la decoración e inspírate en ellos para construir el tuyo.

Aunque vamos a inspirarnos en lo que ya existe, en las soluciones que otros ya han dado, no renuncies a soñar, a crear tus propios atributos, la idea del producto o servicio ideal para tus clientes objetivo.

Y no te sientas agobiado por el ejercicio de definición, ya sabes que el sistema es dinámico, la definición inicial será mejorada por el sistema de mejora continua EDAM que se encargará de, con el estudio de los resultados ir evolucionando todas las piezas, desde las acciones hasta la estrategia, pasando por supuesto, por la definición.

Ventajas competitivas. Mercado

Una vez que tenemos los atributos del producto ideal sobre la mesa, una parte inspirado en la competencia, otra fruto de tu análisis de necesidades insatisfechas del cliente objetivo, estaremos listos para encontrar ventajas competitivas con la competencia, los atributos más llamativos para diferenciarnos de lo que ya tenemos en el mercado.

Estos atributos que nos diferencian deben ser también expuestos y comunicados, ya que, en el proceso que tu usuario realizará a la hora de tomar una decisión de compra o de cambio de proveedor, las diferencias con lo que ya tiene o habitualmente compra serán decisivas.

Piensa que el usuario es fiel por naturaleza, es más cómodo seguir el movimiento por inercia que resistirte para cambiar, así que debemos hacer un gran trabajo para que mentalmente cada usuario pueda justificar ese esfuerzo adicional que hará al comprar tu producto o servicio por primera vez.

Así pues, debemos dedicar tiempo en identificar esos atributos, que pueden ser los que resuelvan las necesidades insatisfechas y decorarlos lo mejor posible para que impacten en el usuario y actúen como catalizador o como justificadores del cambio que se va a producir.

Déjame hacer hincapié en el párrafo anterior, los atributos que catalicen o justifiquen el cambio no tienen por qué ser los que satisfacen una necesidad insatisfecha, y es que como usuarios y clientes sabemos que lo que nos lleva a una decisión de compra no es siempre lo que resuelve nuestras necesidades, muchas veces el factor aspiracional sobrepasa o complementa el funcional.

Si puedes dar atributos adicionales a tu oferta que lleguen hasta esa parte aspiracional del cliente, estarás cerrando el círculo, el cliente no solo tendrá el producto que necesita, también el que quiere tener.

La tecnología suele ser uno de estos atributos, muchas veces no es imprescindible para el producto o servicio, pero nos servirá para alinear el producto no solo con las necesidades del cliente, sino también con sus aspiraciones.

Que la ropa que me compro satisfaga mis necesidades de vestimenta pero que también me aporte otros atributos como la pertenencia a una determinada clase social o a un grupo concreto con el que me siento alineado.

Lo fundamental en esta parte de la definición del producto o servicio es encontrar y potenciar los atributos que nos harán diferentes de la competencia, que justifiquen el esfuerzo de cambio de proveedor y que nos conecten con la parte menos racional del proceso de compra, la parte aspiracional y de pertenencia.

Fijación de precios

El precio no deja de ser un atributo más del producto, un atributo normalmente muy útil para justificar el esfuerzo de cambio de proveedor, pero también para cubrir la parte aspiracional y de pertenencia.

Por su especial importancia, el método EDAM dedica un apartado solo a este atributo y su definición.

Y es que la fijación de precios es una de las partes más complicadas en la definición de un producto y servicio, debe estar perfectamente alineada con la estrategia y con la elección del cliente objetivo.

¿Cómo definimos el precio de nuestro producto o servicio? Existen diferentes métodos.

- Por costes y rentabilidad objetivo.
- Por valor percibido.
- Por valor generado.
- Por posicionamiento estratégico.

Precios por rentabilidad

Cuando a la hora de fijar el precio de nuestro producto o servicio aplicamos como parámetro principal la rentabilidad mínima que queremos conseguir en cada venta, estamos utilizando precios por rentabilidad.

Este sistema tiene varios problemas:

— Utilizamos un criterio interior, sin tener en cuenta el mercado, ni la competencia, ni los clientes potenciales, dejando este atributo fuera de la diferenciación y con pocas posibilidades de convertirse en canalizador de las ventas.

— Depende del coste y este, en la mayoría de los casos, dependerá, por la economía de escala, del volumen de clientes, lo que claramente jugará en nuestra contra cuando peleemos con la competencia ya establecida.

— El coste, además, puede llegar a ser muy difícil de calcular, sobre todo si hay partidas que son atribuibles a múltiples productos, por ejemplo, la gestión administrativa de la empresa, los gastos de oficina, etc.

Las ventajas principales:

- La sencillez en su definición. Ejemplo, multiplicar el coste por tres y obtener así el precio del producto.
- La rentabilidad asegurada, al menos por unidad vendida tendremos la certeza de obtener un margen de beneficio.

Precios por valor percibido

En toda estructura de precios es recomendable tener como límite inferior el coste, esto ayudará a conseguir cierta rentabilidad, aunque sea por unidad vendida.

Sin embargo, y partiendo del precio mínimo del coste + un % de beneficio, el precio se puede fijar en función de la percepción de valor que tienen nuestros clientes objetivo.

Inconvenientes:

- Medir y estandarizar el valor percibido de nuestro producto es complicado y requiere de mucho estudio del cliente final.
- El valor percibido es subjetivo y puede cambiar mucho con los diferentes nichos, lo que complicará la expansión de un producto o servicio.
- La diferencia entre el valor recibido y el percibido suele estar sustentado por grandes campañas de *marketing* que en muchos casos están fuera del alcance del *Marketing* de Guerrilla.

Ventajas:

- Márgenes de beneficio superiores, con un porcentaje importante por la percepción.

- Gran capacidad de ajuste, mucho margen para reducir manteniéndonos en la rentabilidad.

Precios por valor generado

Si nuestro producto o servicio genera un valor cuantificable en la cadena de valor de nuestro cliente, esta estrategia de precios se alineará con las necesidades de nuestro comprador convirtiéndose en un atributo importante para la elección del producto.

Desventajas:

- No todos los clientes tienen un valor generado cuantificable.

- No siempre el valor generado es objetivo.

- No en todos los clientes o nichos el valor generado es el mismo y esto puede complicar la entrada en nuevos grupos de clientes.

- Peligro alto de sustitución, el producto de la competencia puede generar el mismo valor y tener precios más ajustados.

Ventajas:

- Para muchos clientes nuestro servicio pasa a ser una compra y no un gasto, una materia prima más en la receta de su producto.

- Alineación entre valor y coste.

Precios por posicionamiento estratégico

Y es que en muchos casos el precio se convierte en un atributo que nos situará dentro de un nicho de clientes o fuera.

La utilización del precio para posicionar un producto o servicio es una estrategia habitual que requiere tener muy claro el tipo de cliente que queremos atacar y el precio que entiende, independientemente del coste, valor percibido o valor generado, debe tener para poder ser adquirido.

Si un mismo producto o servicio lo enfocamos a un cliente u otro, el precio puede ser *lowcost*, puede ser un precio de artículo exclusivo de lujo o estar en la franja intermedia.

La gran mayoría de clientes están en la franja intermedia, por eso las grandes superficies se cuidan mucho de tener productos muy baratos y muy caros junto al producto que quieren vender, el intermedio. Y es que muchos clientes utilizan el criterio de pertenencia para decidir sus compras, ni el más barato, ni el más caro, algo intermedio que es donde se posicionan.

Lo mismo pasa con los que se consideran listos porque compran siempre gangas y los que se consideran VIPs y solo compran productos de determinadas marcas y con determinados precios para, en ambos casos, afianzar su sentimiento de pertenencia.

Desventajas:

- Polarización de los usuarios por sensibilidad al precio, dentro de un mismo nicho podemos tener los tres tipos de clientes.

- Estructuras de coste y definición de producto muy marcadas por el precio.

- En la franja *lowcost* gran necesidad de volumen para reducir costes y poder entrar en rentabilidad.

- En la franja VIP, necesidad de inversión en *marketing* para la generación de marca.

- En la franja intermedia, poca diferenciación con la competencia, gran riesgo de sustitución.

Ventajas:

- Precio como atributo segmentador de clientes.

- Precio como atributo diferenciador.

- Precio en función del cliente objetivo en nuestra estrategia.

Cualquiera de estas estrategias te puede valer para fijar precio, pero te recomiendo que utilices todas de manera combinada, sacando lo mejor de cada una de ellas en cada nicho de clientes y en cada fase de nuestra estrategia.

Cálculo de costes

Para cualquier estrategia de precios debemos tener claros los costes de nuestro producto o servicio y esto, no siempre es sencillo de calcular.

Es cierto que en algunos momentos del proyecto podemos estar vendiendo por debajo de coste, esto se debe a que los costes variable, los costes que se deben dividir por cada unidad vendida, necesitan más volumen de clientes para diluirse y reducir así el coste por unidad vendida. Por eso, vamos a estudiar el coste en dos fases, el coste de producción o fabricación del producto o servicio, y el coste de hacerlo llegar hasta el cliente.

El primero, el coste de producción o fabricación, siempre debe estar por debajo del precio asignado en nuestra oferta comercial, aunque es cierto, que la economía de escala también puede afectar a la fabricación por unidad, al coste de materia prima, la amortización de máquinas y herramientas de fabricación, etc.

El segundo coste, mucho más sensible al volumen de operaciones, se podrá diluir más o menos entre los clientes actuales, produciéndose desajustes y falta de rentabilidad en las fases iniciales de los proyectos.

Pero, además, es importante contar con los costes que emanan del propio *Marketing* de Guerrilla, de nuestro método EDAM para la captación de clientes.

Nuestro plan estratégico de captación tendrá una serie de costes, de recursos humanos, de la generación de las campañas y acciones definidas, costes publicitarios, etc. Estos costes totalizados y repartidos entre los clientes y/o las ventas obtenidas construirán el coste de adquisición, un coste más a tener en cuenta por producto vendido.

Es muy importante ser realista con los costes y hacer estimaciones en base a clientes reales que podemos llegar a conseguir, esto nos permitiría arriesgarnos con precios, inicialmente por debajo del coste total.

La optimización de costes será siempre fundamental a la hora de aumentar la rentabilidad de nuestro negocio, piensa que la reducción de un céntimo de euro en la producción de un producto puede convertirse en millones de beneficio, dependiendo del volumen y del precio de venta.

Te recomiendo que, en la medida de lo posible, y cuando el precio no sea un atributo fundamental para la compra, seas conservador a la hora de fijarlo, que garantices dentro de lo posible un pequeño o gran beneficio por cada transacción que se genera, esto te dará estabilidad y te permitirá crecer sin miedo a incrementar las pérdidas.

En el método EDAM trabajarás de manera continua el precio, ajustándolo a los requerimientos de tu cliente objetivo, buscando estar siempre en el grupo de atributos facilitadores y no penalizadores de las ventas.

Otro factor clave para el Emprendimiento de Guerrilla y el método EDAM es la optimización de las estructuras que conforman el coste, buscando siempre una ventaja competitiva en costes que repercutirá en más flexibilidad para adaptarnos al cliente y mayor rentabilidad de nuestro modelo de negocio.

Este es, el de los costes, un ciclo continuo de mejora que deberás recorrer cada cierto tiempo para garantizar que tu negocio está en las mejores condiciones de partida, con los costes más ajustados y la flexibilidad necesaria para adaptarse a las diferentes circunstancias.

Mantener unos costes controlados es fundamental para disponer de oferta comercial viva, flexible y en mercado.

Acciones, paso tres método EDAM

Las campañas que pondremos en marcha para captar clientes

El tercer engranaje del método EDAM no es otro que las acciones, las campañas, las tácticas que utilizaremos en este caso, para captar clientes nuevos para nuestro proyecto empresarial.

Tradicionalmente cuando hablamos de campañas de publicidad pensamos en importantes inversiones en televisión, radio, periódicos, solamente al alcance de las grandes empresas y corporaciones.

Sin embargo, el *Marketing* de Guerrilla y el método EDAM nos abren un abanico de posibilidades que nos permitirán poner en marcha campañas de publicidad eficientes, pero sobre todo eficaces, que conseguirán clientes para nuestro negocio a un precio razonable y sin grandes desembolsos.

Y es que, el método EDAM y el Emprendimiento de Guerrilla no valdrían para nada si las pymes y los *free lance* no pudieran permitírselas, no pudieran afrontar los costes de las mismas, aunque a la larga terminaran consiguiendo el negocio necesario.

Un factor determinante para que las acciones que pongamos en marcha sean eficientes, consigan clientes a un precio razonable, es contar con los otros tres engranajes perfectamente trabajados, hablamos de la estrategia, que nos permitirá conocer el mercado, la competencia, el cliente objetivo y nuestro DAFO, información esencial con la que construiremos el plan que nos llevará a conseguir nuestros objetivos.

También es fundamental contar con una buena definición de nuestra oferta de producto o servicio, conocer los atributos del mismo y compararlos con la competencia, buscar la diferenciación y trabajar la potenciación de las características que pueden obrar el milagro de traer un nuevo cliente a nuestro negocio.

Pero, además, y lo veremos en el siguiente capítulo, modelar nuestro sistema de mejora continua, que nos permita como negocio, como organización, aplicar pequeños ajustes que, en cada iteración nos acerquen un poco más a la eficiencia, a la eficacia y a la consecución de nuestros objetivos.

Así que sí, esta es la parte en la que vamos a hablar de las acciones que harán posible captar clientes, pero no olvidemos que sin las otras tres piezas será solo eso, tácticas para captar, sin un plan, sin control, sin medición, sin posibilidad de mejora.

Para el método EDAM definiremos acciones como toda táctica que utilicemos en el mercado para, en este caso captar clientes, que tenga un sistema de medición de resultados y que nos permita de manera sistemática ajustar su configuración para acercar sus resultados a la consecución de nuestros objetivos.

Así pues, si hablamos de captar clientes:

Clientes; no visitas; no *leads;* no contactos.

Clientes dentro de nuestro **cliente objetivo**, todo lo que no esté dentro de nuestro nicho seleccionado no nos estará acercando a nuestro objetivo y tendrá que ser corregido por el sistema.

Con un **sistema de medición,** debemos saber qué acción provocó el cliente, qué creatividad, qué argumento, qué atributo de nuestro producto.

Como puedes ver, para que esto funcione, debemos hacer las cosas dentro del método, no hablamos de piezas independientes, hablamos de piezas conectadas que se interrelacionan entre ellas y hacen que el sistema se ajuste en cada ciclo de mejora.

Si empezamos a captar clientes fuera de nuestro cliente objetivo, son clientes rentables y nos resultan más sencillos de captar, el sistema tenderá a adaptar su estrategia y su definición de cliente para esta nueva realidad, recalculando el modelo para dar cabida a la nueva situación.

Cuando hablamos de Emprendimiento de Guerrilla hablamos de emboscadas, escaramuzas, conseguir clientes uno a uno, con tácticas muy enfocadas, sin desperdiciar recursos, vamos, conseguir clientes sin "matar moscas a cañonazos" como suelen hacer los Goliat de nuestros mercados.

Otra característica fundamental es disponer de mucho armamento, tal vez no tan explosivo como el de las grandes corporaciones, pero si muy eficaz para captar justo a ese cliente que queremos, al cliente objetivo.

Nuestro armamento, nuestras acciones, acciones medibles, efectivas y eficientes que con baja inversión conseguirán los efectos deseados y con el refinamiento continuo serán cada vez más eficientes y conseguirán reducir el coste de adquisición, un KPI (*key performance indicator*) fundamental para los guerrilleros del Emprendimiento.

Para poder ir seleccionando las acciones que mejor funcionan en nuestros clientes objetivo debemos conocerlas todas, obtener la habilidad mínima para ponerlas en marcha y hacer que funcionen, debemos dedicar un tiempo, dentro de la selva, para aprender a montar el armamento, a limpiarlo, a cargarlo, afinar nuestra puntería, aprender a resolver los principales problemas, un trabajo de preparación que nos permitirá no tener que improvisar en directo, en mitad de la batalla por captar clientes objetivo.

No es el objetivo de este libro, que es solo una introducción al concepto y al método, pero puedes encontrar toda la información en Internet o formarte en los diferentes cursos que existen con este fin, todo lo que inviertas en formación terminará volviendo en resultados.

Hablaremos fundamentalmente de tres tipos de acciones, las propias, las propias con inversión y las publicitarias.

No descartes ninguna, como podrás ver en el método EDAM son la mezcla de las tres las que te acercarán a tus objetivos concretos de eficacia, las que conseguirán llegar a un coste de adquisición no solo que te puedas permitir, si no que sea muy beneficioso para tu negocio.

Como veras hablaremos de muchas posibles acciones, intentando cubrir los diferentes negocios que pueden aplicar el método EDAM, no todas encajarán directamente en tu negocio, dos opciones, descartarlas o buscar con imaginación como adaptarla a las características específicas de tu modelo, puedes encontrar oro donde menos te lo esperas.

Acciones propias

Son acciones de poca o ninguna inversión en dinero, pero que sí suelen ser exigentes en esfuerzo. Se suelen utilizar a lo largo del tiempo con periodos de mayor o menor importancia, pero suelen estar presentes siempre y contribuyen a reducir los costes globales de adquisición.

Muchas veces estas acciones no consiguen el objetivo último, en este caso captar un cliente, pero acercan al mismo a nuestra propuesta convirtiéndolos en *leads*, potenciales clientes, más o menos calientes.

Acciones de fachada, en un negocio a pie de calle hablamos de las acciones que nos permitan atraer a la persona que pasa por delante de nuestro negocio, escaparate, carteles, ofertas… pero también hablamos de nuestra fachada digital, la página web donde los internautas podrán ver nuestra propuesta comercial y sus condiciones, o nuestros perfiles en redes sociales, o el blog corporativo, etc.

Ejemplo: el trípode publicitario colocado en la esquina de la calle principal que busca desviar parte del tráfico a nuestro negocio.

El blog de contenido interesante para un internauta que termina llevándonos hasta la web o el embudo de ventas de un negocio.

Campañas de comerciales, todos tenemos o deberíamos tener nuestra propia red de contactos, personas que hemos ido recopilando durante toda nuestra vida y con los que mantenemos contacto, si dentro de estos contactos detectamos muchos que encajen en nuestro perfil de cliente objetivo podremos captar algún cliente. Pero si, como es más habitual no encajan en el perfil, por características, por situación geográfica… podemos contarles nuestra propuesta y pedirles que la hagan llegar a quienes si sean nuestros clientes objetivo.

Si tienes un negocio b2b, que vendes a otras empresas, debes plantearte conseguir reuniones con los clientes potenciales, hacerles una presentación comercial e intentar cerrar cada venta una a una. Puedes utilizar contactos fríos, a puerta fría, sin relación, contactos referenciados por terceros, contactos que ya han manifestado algún tipo de interés por tu oferta.

Ejemplo: llamadas telefónicas, *e-mails*, *WhatsApp*, *post* en redes sociales, anunciando nuestra propuesta comercial y pidiendo su difusión.

Campañas de contacto solicitando una reunión comercial para mostrar nuestra oferta y conseguir cerrar una venta.

Muestras/degustaciones y cheques regalo. Una táctica que suele funcionar muy bien, sobre todo al principio de un negocio es regalar muestras o cheques regalo con descuentos en nuestro producto. Esto romperá la inercia inicial de muchos clientes que serán atraídos a nuestro negocio.

Ejemplo: puedes enviar dinero de regalo para gastar en tu tienda física u online, o para contratar los productos o servicios que ofrecemos con una reducción en su precio. Muchos clientes no rechazarán la oportunidad de aprovechar ese cheque regalo.

Un restaurante nuevo en la zona que lleva su menú a las oficinas de una empresa para que de manera gratuita lo prueben.

Reparto de publicidad. Octavillas y pequeños folletos que puedes repartir por tu zona o a los clientes objetivo allí donde estén, una feria, una convención, etc. En la parte *online* enviando *e-mails* publicitarios a la lista de potenciales clientes que tengamos.

> Ejemplo: repartir folletos cerca de nuestra tienda o en una feria o una convención, con una oferta especial, o con un servicio o producto gratuito y, además, a poder ser de una manera original, imagina que quien reparte está disfrazado con algo relacionado con nuestra propuesta.

Envío postal. Una táctica cada vez menos utilizada por el incremento de los costes de envío, pero que tal vez por eso, empieza a aumentar su efectividad ahora que todos estamos acostumbrados a los *e-mails* como canal de entrada de la publicidad.

> Ejemplo: imagina una carta a clientes potenciales escrita a mano, o con un pequeño regalo, o con algo inusual como llevar un céntimo pegado.

Afiliación comisionistas. Término ahora muy de moda en *marketing* digital, los sistemas de afiliación, que no son otra cosa que una red de comisionistas, que ofrecerán nuestro contacto y el acceso a nuestro sistema a posibles clientes a cambio de una comisión, habitualmente sobre la compra del cliente. En el mundo *online* parece más sencillo, pero en el *offline* también es posible si le echamos un poco de imaginación.

Ejemplo: si tienes un despacho de abogados, contactas con gestorías de empresa y administrativas, y les ofreces una comisión por cada cliente que te manden.

Acuerdos con otros negocios, siempre podremos identificar negocios a los que les pueda interesar colaborar con el nuestro, bien sea en acuerdos *win to win*, que directamente favorecen a ambos, a cambio de una comisión como en el punto seis, o por una aportación a la rentabilidad de su negocio.

Ejemplo: el aparcamiento de la zona que regala una hora de estancia a los clientes de un bar con folletos en la barra.

La inmobiliaria que suministra las servilletas de una cafetería con su publicidad.

Las mejores condiciones que te ofrece una financiera por utilizar los servicios de nuestra inmobiliaria.

Contenidos. Son una manera muy habitual de conseguir llegar a nuestro cliente objetivo. Consiste en identificar los contenidos que consume o que puede llegar a demandar y crearlos para conseguir su atención.

Ejemplo: si nuestro producto o servicio está enfocado al nicho de clientes que juegan a juegos de rol, podemos crear artículos muy especializados sobre la materia, generar un contenido gancho, un *magnet,* o simplemente una pequeña guía con las jugadas y trucos más habituales, que nos permitirá conseguir el contacto del cliente.

Colaboraciones con medios de comunicación. Los medios de comunicación están ávidos de contenidos, de especialistas, si consigues posicionarte tú o tu negocio como referencia en el sector, los medios de comunicación querrán contar contigo.

Ejemplo: propón a un periódico local, a la emisora de tu municipio, a un blog especializado, un acuerdo de colaboración en el que tú estarás aportando tu contenido, tus conocimiento y tu experiencia en forma de pequeñas intervenciones, secciones de consulta de los oyentes, artículos de opinión, guías *howto*, etc.

Formación, talleres y actividades. Ofrécete tú o tu negocio para impartir formación en tu materia, para realizar talleres específicos o para realizar actividades lúdicas. En muchos municipios estarán encantados de ofrecer estos cursos a sus vecinos, una actividad más sin coste para ellos. Si hablamos de un negocio *online*, la formación, los talleres y las actividades pueden ser grabadas y ofrecidas de manera continua a cuantos interesados lleguen hasta ellas.

Ejemplo: si vendes lanas para hacer punto organiza clases gratuitas o no, en tu tienda o en el centro cultural de tu localidad para introducir nuevos clientes a tu negocio.

Si tienes un gimnasio de defensa personal, imparte un curso básico para conseguir aficionar a nuevos usuarios y apuntarse a tu club.

Acciones propias con inversión

Aunque algunas de las acciones anteriores pudieran necesitar inversión, son fundamentalmente campañas que podemos poner en marcha con unos costes muy reducidos.

Ahora hablaremos de acciones que podemos poner en marcha nosotros, dependiendo de nuestras habilidades y perfil profesional, pero que requieren cierta inversión, tiempo y esfuerzo para que den resultados.

SEO (*Search Engine Optimization*), optimización de resultados en buscadores. Hablamos de *marketing* digital encaminado a mejorar el posicionamiento de nuestra web, blog o contenido en los resultados de los buscadores de Internet. En nuestro caso Google que reúne más del 85% de las búsquedas en Internet.

Es un trabajo que debemos empezar a realizar cuanto antes y mantener en el tiempo. No veremos los primeros frutos en muchos meses, pero después, si lo trabajamos de manera continua nos puede traer clientes sin inversión directa en su captación.

El SEO no trae clientes gratuitos, todo el tiempo, esfuerzo y acciones que tomamos en nuestras tareas SEO, deben ser contabilizados y asignados a los clientes captados por esta acción.

SMM (*Social Media Marketing*), hablamos de redes sociales, de los perfiles en redes de nuestro proyecto y de la visibilidad que el contenido que ofrezcamos tenga en nuestros seguidores.

Una buena estrategia en redes nos puede traer, con el tiempo, resultado y clientes para nuestro proyecto.

Al igual que en el SEO, será un trabajo que tendremos que realizar desde el principio y de manera continua, en el que tendremos que invertir tiempo y esfuerzo y seguramente algo de dinero, lo podemos hacer nosotros mismos o contratar a una agencia para que lo gestione, pero lo importante, como en todas las acciones EDAM, es que tengamos unos objetivos y plan perfectamente definidos.

La presencia de nuestro proyecto en redes sociales es ya una obligación, debemos tener presencia, pero también debemos aspirar a más, a convertirlo en una acción EDAM que nos traiga clientes directamente y que nos ayude y facilite la conversión en el resto de campañas puestas en marcha.

Para trabajar las redes no basta con crear un perfil. Debemos planificar la publicación de contenido y garantizar la atención a las diferentes comunidades que se vayan formando en nuestro entorno.

Deberemos realizar diferentes acciones para captar más seguidores, para fidelizarlos y, por supuesto, para transformarlos en clientes.

Lista de suscripciones, una de las principales herramientas para el *Marketing* de Guerrilla y el método EDAM es la utilización de las listas de suscripciones y del *lead nurturing* (maduración de contactos), que nos permite poseer un listado de potenciales clientes al que iremos aportado valor para finalmente convertirlos en clientes.

Esta acción puede requerir inversión para la captación de nuevos *leads*, pero también para las herramientas de maduración y gestión de tu lista, pero con una diferencia fundamental, los contactos serán tuyos y podrás ofrecerles diferentes productos y servicios sin tener que volver a pasar por caja para su captación.

Como en cualquier campaña, la lista de suscripciones no es diferente, deberemos preparar una buena estrategia, no solo de captación, podemos utilizar algunas de las acciones para captar clientes, también para mantener la lista y los contactos alimentados con contenido e información de valor que los preparen para, en algún momento, convertirse en clientes de nuestra propuesta.

Además, para la captación de suscriptores existen acciones concretas como la generación de contenido *magnet*, contenido que se puede obtener de manera gratuita a cambio de la suscripción a la lista.

Una lista correctamente definida y categorizada, alimentada con valor para el suscriptor es la mejor manera de garantizar resultados para tu negocio, resultados que no dependen directamente de la inversión en publicidad.

Hablamos de ganadería frente a caza, de criar nuestra comida en lugar de tener que salir a cazar cada día para poder sobrevivir.

Presta mucha atención a esta acción, te garantizará la llegada de ventas sin necesidad de una inversión directa en publicidad.

Todos esos clientes potenciales que no se conviertan finalmente con el resto de acciones, pueden ser la base de tu lista de suscriptores, y si los alimentas convenientemente, te mantienes en su mente, en un futuro, cuando se produzcan las circunstancias apropiadas, pueden llegar a convertirse finalmente en clientes.

Pon en marcha tu lista de suscriptores desde el minuto uno, planifica el contenido y el valor que aportarás a estos contactos para que tu producto o servicio se mantenga en su mente y poco a poco, verás cómo se convierte en una de las principales fuentes de captación de ventas y nuevos clientes.

Red de afiliados. Construye tu propia red de afiliados, personas o empresas que comercializarán tus productos o servicios y a los que comisionarás, normalmente con un porcentaje de cada venta.

Este sistema no requiere inversión directa en publicidad, aunque si generará algunos gastos para promocionar la afiliación y algunas cuotas para la plataforma de afiliados que utilices en la gestión.

Para que una red de afiliados funcione es importante tener condiciones claras, mostrar toda la información de ventas al afiliado y permitir las liquidaciones directas de comisiones a las cuentas bancarias de manera ágil.

Te recomiendo Prescriptalia, una plataforma donde podrás gestionar tus afiliados, pero, además, ofrecer tus productos o servicios a los afiliados de la red que ya están comercializando otros productos y servicios.

Comunidades. Construye, apoya y participa en comunidades con intereses compatibles con tu producto o servicio.

Estas comunidades reunirán a tus clientes objetivo en un único lugar donde deberás aportar valor y dar a conocer tu oferta. Con el tiempo, las comunidades bien trabajadas, se pueden convertir en una importante nevera de clientes para tu negocio.

No hace falta que la comunidad la crees tú, aunque también lo puedes hacer, busca comunidades ya en funcionamiento y empieza a participar desde hoy mismo, gánate el respeto de la misma aportando valor y no haciendo publicidad.

Marca personal. Trabaja tu marca personal y/o la de los miembros de tu equipo, posicionarse como una autoridad para tus clientes objetivo marcará la diferencia a la hora de contratar los productos o servicios de tu proyecto empresarial.

Escribe un libro, un blog especializado, ofrece cursos, ponencias, participa en medios de comunicación, acciones encaminadas a posicionarte como autoridad en la materia, tu poder de prescripción ganará muchos enteros.

Cada vez más pymes están trabajando la marca personal, no solo del CEO, también de los empleados clave de la compañía para conseguir mejores resultados a la hora de aplicar el método EDAM y el Emprendimiento de Guerrilla.

Eventos. La participación y organización de eventos es una acción interesante para conseguir nuevos clientes y ventas en nuestro negocio.

Además, si nos centramos en eventos relacionados con nuestro sector podremos desarrollar acciones secundarias de *networking* y marca personal que tendrán también sus resultados.

La organización de un evento requiere inversión y dedicación, debemos siempre enfocarlo a la consecución de los objetivos comerciales planteados y no caer en la tentación de organizarlos solo por razones de marca.

Existen empresas que pueden encargarse de la organización para que tú puedas centrarte en los asistentes y en la consecución de los objetivos comerciales.

En eventos organizados por otros podrás ser patrocinador, participar en las ponencias, o implicarte en la promoción del evento como marca visible.

Acciones publicitarias

Utilizamos la publicidad en diferentes medios, medios *online* y *offline* para captar clientes para nuestro negocio.

Tendremos que realizar un pago fijo por el espacio publicitario, o pagar por un cierto número de veces que aparezca nuestra publicidad, o por tráfico que llegue hasta nuestro sistema comercial, una web, un *call center*...

SEM, publicidad en buscadores, lo más habitual campañas de Google Ads, que nos permitirán mostrar nuestros anuncios en los resultados de búsqueda de Google. Existen otros buscadores que también son interesantes y pueden tener buena implantación en tu zona, utiliza su plataforma para poder anunciarte también en ellos.

En Google Ads podrás configurar campañas para diferentes palabras clave y con distintas creatividades o anuncios, aparecerán en los resultados de búsquedas de Google cuando un usuario busca precisamente las palabras por la que quieres pagar. Se produce una subasta que determina el precio del clic en el anuncio, el posicionamiento del mismo en la página de resultados y la frecuencia con la que el anuncio se mostrará.

Este sistema publicitario te permite recoger información precisa y detallada de cómo se produce cada clic que llevará al posible cliente hasta nuestra información, algo imprescindible para poder trabajar la mejora continua de estas acciones. Junto a la información de conversión, transformación de posible cliente en venta, podremos optimizar el precio de adquisición de la acción publicitaria.

Las tasas de conversión de este canal suelen ser altas, el cliente que nos llega tiene interés en nuestro producto o servicios, lo ha buscado en Google y, además, ha pinchado en nuestro anuncio.

Display, son anuncios visuales, gráficos, videos y texto que se muestran en diferentes portales web.

Existen diferentes redes de *display* que te permitirán insertar tus publicidades en sus sitios web, periódicos *online,* blogs, contenidos de nicho, etc.

Una de las principales redes de *display* se gestiona en Google Ads y te permitirá gestionar tu publicidad segmentando por portales de tu interés, donde creas que puedan estar tus clientes potenciales, y pagarás por cada mil impresiones del mismo o por cada clic que se realice. En otras redes podrás incluso llegar a acuerdos de pago por *lead*, posible cliente, que nos da sus datos para más información, o incluso directamente por conversión.

Este tipo de publicidad debe estar muy enfocado a la respuesta directa y no al *branding* para cubrir nuestros objetivos como *Marketing de Guerrilla*, por eso, será muy importante realizar una buena segmentación y apostar por portales especializados donde se encuentren nuestros posibles clientes y preparar creatividades con llamadas a la acción directas.

Publicidad en redes sociales. Las redes sociales se han convertido en el lugar de reunión de la gran mayoría de los clientes potenciales, hacer publicidad orientada a nuestro cliente objetivo se ha convertido en un arma fundamental para los guerrilleros del Emprendimiento.

Hablamos de una publicidad con grandes opciones de segmentación, no por palabra clave si no por perfil del posible cliente, con herramientas que nos permiten fijar audiencias y enseñar al sistema qué características tiene nuestro cliente objetivo para así, partiendo de nuestros clientes ir construyendo el saco de clientes potenciales y ofrecerles nuestro producto o servicios.

Ahora mismo Facebook e Instagram con su herramienta publicitaria Facebook Ads, lidera la publicidad en redes sociales. Te acercará a miles de tus posibles clientes y conseguirás leads para ser transformados en ventas y clientes.

Es muy importante, y así lo define el método EDAM, la construcción de nuestro cliente objetivo, estas características marcarán también la red social que mayor número de nuestros clientes aglutine, facilitándonos así, a priori, la elección de red social para invertir, aunque, probar cada una de ellas siempre te sacará de dudas.

En redes sociales nos podremos anunciar en:

- **Facebook.** Cuenta con 2 200 millones de personas activas al mes. Más de 140 millones de empresas lo utilizan.

- **Instagram.** Adolescentes y la generación milenial están en esta red social, 1 000 millones de personas usan Instagram cada mes. Más de 500 millones de personas utilizan las historias en Instagram de forma diaria.

- **Linkedin.** El gran poder de esta red social está en su capacidad de segmentar y llegar al perfil profesional al que deseamos impactar. Es la red profesional más grande del mundo con más de 675 millones de usuarios activos al mes. 30 millones de empresas están en Linkedin.

- **Twitter.** Tiene más de 145 millones de usuarios diarios y activos. El 67% considera que los anuncios en Twitter no son intrusivos y más del 70% que son informativos.

- **YouTube.** El vídeo cada vez cobra más importancia a la hora de hacer publicidad en redes sociales y YouTube es el rey. Tiene más de 2 000 millones de usuarios mensuales. Cada persona pasa de media 11 minutos al día.

- **TikTok.** es donde se concentra el público más joven con diferencia, el 66% de usuarios tienen menos de 30 años de edad. Son 800 millones de usuarios que pasan una media de 52 minutos al día.

Importante analizar en qué redes sociales están tus clientes objetivos y poder utilizarlas todas para llegar a ellos.

La publicidad en redes sociales está creciendo mucho en los último años, bien trabajada es más barata que otros canales de pago, puedes llegar a una gran audiencia, permite una segmentación muy profunda, fundamental para los guerrilleros del Emprendimiento, permite las campañas de *remarketing*, tendremos un control exacto de nuestros presupuestos y nos brinda información precisa de los resultados de las campañas permitiendo la aplicación directa del método EDAM.

Por otro lado, necesitamos formarnos en la utilización de este tipo de campañas, no solo en las herramientas de gestión publicitaria, también en la filosofía que hay detrás de cada una de ellas. Para que funcionen bien debemos estar muy encima aplicando la mejora continua, midiendo, ajustando, midiendo, no tendremos ningún problema si somos guerrilleros del Emprendimiento y seguidores del método EDAM.

Publicidad en periódicos. La publicidad en periódicos *offline* puede ser una acción interesante para nuestra campaña de *marketing* si somos capaces de segmentar y rentabilizar la inversión.

Si hablamos de un negocio local y existe un periódico local, la segmentación ya la tenemos hecha, no perderemos un gran número de impactos en posibles clientes que no puedan acceder a nuestros productos o servicios.

Los acuerdos de publicidad con los medios *offline* ya no son lo que eran, ahora es todo mucho más flexible y podrás llegar a acuerdos ventajosos para tu plan de *marketing*.

Utiliza formatos de respuesta directa, con llamadas a la acción que te permitan obtener resultados, y busca la manera de poder medir los resultados de cada periódico y anuncio, con teléfonos diferentes, con códigos o cupones descuento, preguntando en la llamada o formulario.

Una inversión en publicidad es cara si no consigue los suficientes resultados, pero si lo hace, si el precio por adquisición está en línea, por muy alta que sea la factura, será conveniente para nuestro negocio.

Publicidad en revistas. Seguro que podrás encontrar revistas especializadas en tu nicho, con lectores que en gran proporción cumplen con los criterios del cliente objetivo seleccionado.

Normalmente hablamos de formatos visuales, con creatividades en color o en blanco y negro, que plantean nuestra oferta a los clientes potenciales y que debemos mantener en formato respuesta directa, con llamadas a la acción que produzcan los resultados necesarios.

El secreto para que esta publicidad funcione con nuestro método EDAM es la segmentación y el coste, que finalmente se transformará en un coste de adquisición que determinará la conveniencia o no de esta acción en nuestro plan.

Los medios *offline* tienen un fuerte componente de marca, aunque nuestro enfoque sea siempre a la respuesta directa, con llamadas a la acción, estaremos mejorando los resultados en otros medios gracias a este componente de marca.

Publicidad en radio. Ahora mismo uno de los canales más interesantes para el Emprendimiento de Guerrilla y la respuesta directa.

Existen miles de emisoras en tu zona, están las nacionales, que en la mayoría de los casos cuentan con desconexiones locales para contenido y publicidad de ese ámbito geográfico, espacios muy interesantes por la audiencia que arrastran.

Y están las emisoras locales, cuyo ámbito de emisión encaja con tu cliente objetivo y el contenido y la publicidad es todo de esa zona.

En ambos casos, deberás negociar tarifas de respuesta directa, enfocadas a resultados, pudiendo incluso llegar a acuerdos por contacto recibido o por compra realizada.

La audiencia de la radio es fundamental para conseguir clientes y ventas, pero, en la mayoría de los casos, no será un dato a tu alcance, las emisoras pequeñas no están en el EGM (Estudio General de Medios) y las cadenas nacionales no tendrán datos muy exactos si tu zona de influencia es pequeña.

Así que, para no tener que confiar en la audiencia que te venderán los comerciales de las emisoras, lo mejor es probar, lanzar una campaña de poco presupuesto, pero suficiente presión publicitaria, probando en diferentes franjas, y medir el resultado.

La radio, como el resto de medios, no es cara o barata de por sí, dependerá de los resultados que consigamos con la inversión realizada, el coste de adquisición.

Los formatos estrella para el Emprendimiento de Guerrilla y el método EDAM, además de las cuñas de 20 segundos, que repetirán el mensaje en las diferentes franjas horarias, son los micro espacios y las menciones.

Un micro espacio es una pieza de contenido donde, habitualmente, se produce un diálogo entre el locutor y el vendedor y se pone de manifiesto las ventajas del producto o servicio. Te recomiendo hacerlo en directo, contratarás un micro de 60 segundos y seguramente estés en antena entre 2 y 3 minutos.

La mención es interesante cuando el locutor que la hace tiene poder prescriptor sobre su audiencia. Pondremos en su boca el argumentario de nuestro producto o servicio y se producirá una transferencia de confianza que se transformará en ventas.

La radio es un medio muy interesante para la respuesta directa, aunque debemos saber que la acumulación de impactos es un factor decisivo para su óptimo funcionamiento. Debemos ser constantes con nuestras campañas, funcionarán mejor.

 **IMPORTANTE**

La regla audiencia/tiempo, cuanta menor audiencia tenga una radio, mayor tiempo podremos y deberemos conseguir para nuestro mensaje, así en radios con pocos oyentes tus micros podrán llegar a duran hasta 30 minutos con secciones especiales, y en las cadenas con grandes audiencias, hablaremos de segundos.

Anunciarse en la radio te dará prestigio, comunícalo en la web y en tus redes.

Las campañas continuadas en radio mejorarán también la llegada de clientes por otros canales ya que, aunque nuestro objetivo sea la respuesta directa, estaremos también haciendo marca.

 **IMPORTANTE**

Recicla todo el contenido que hagas en la radio, transfórmalo en contenido para tu web, tu blog, tu podcast, tu canal de YouTube, o donde más te pueda interesar.

Publicidad en televisión. La publicidad en TV con grandes audiencias es muy complicada.

En las televisiones nacionales no contaremos con desconexiones para poder incluir nuestra publicidad con ese sesgo local y, utilizar la emisión nacional si nuestro producto es local nos hará perder muchos impactos y seguramente no será rentable.

Si nuestro producto o servicio es nacional debemos contar con un *call center* suficientemente dimensionado para ser capaces de atender cientos de llamadas en segundos, que es lo que puede suceder con estas campañas.

Las televisiones locales pueden ser una alternativa, menos audiencia y en el ámbito que más nos interesa, aun así, importante dimensionar correctamente nuestro *call center*, pueden producirse aluviones de llamadas que debemos atender en el momento, ya que esto aumenta su efectividad. Los formatos en televisión son más problemáticos de producir, aunque, en los últimos años con las nuevas tecnologías; ha cambiado bastante. Debemos contar con estos costes adicionales para preparar nuestra campaña. Al igual que en la radio, los anuncios de 20 segundos y los micro espacios insertados en los programas suelen funcionar muy bien. Si la televisión es lo suficientemente local podemos intentar negociar un acuerdo por resultados, por llamadas a nuestro teléfono o incluso por ventas conseguidas. En televisión también te recomiendo llegar a acuerdos para espacios no vendidos, ten en cuenta que si no se llena un espacio publicitario se pierde y muchas pequeñas emisoras pueden aceptar un acuerdo de restos donde pondrán tu publicidad cuando no tengan alternativa, por un precio mucho más económico del habitual. Así que, la televisión, aunque pueda asustar, es un medio muy interesante si somos capaces de negociar buenos precios y condiciones con las emisoras.

Influencers. Las campañas de *influencers,* pagar a un personaje reconocido por los clientes objetivo de nuestro sector para que recomiende, para que prescriba nuestro producto o servicio, es una práctica que no es nueva, se ha hecho desde que existe el *marketing.*

Con las redes sociales, las comunidades *online*, y los nuevos *influencers* más de nicho, el precio de estas campañas se ha ajustado y ahora puede ser una buena opción para el Emprendimiento de Guerrilla. Podemos encontrar *influencers* con miles de seguidores que coinciden en gran medida con nuestros clientes objetivo, que están dispuestos a prescribir nuestros productos y servicios consiguiendo resultados directos. Existen agencias que pueden ayudarte a localizar estos *influencers* que mejor funcionarán para tu producto y servicio, que controlarán que las acciones se desarrollen tal y como has definido y que te ayudarán con toda la gestión económica de estas campañas. La opción de afiliación es también interesante para muchos de estos influencers, aunque algunos de ellos solo aceptarán campañas por anuncio o mención. Los locutores de radio y presentadores de televisión también cobran un caché por prescribir tu producto o servicio poniendo en su boca el mensaje comercial de tu proyecto. Diferentes acciones que, según marque nuestra estrategia podremos poner en marcha para conseguir clientes y ventas para nuestro negocio.

Mejora continua, paso cuatro método EDAM

Medir, analizar, ajustar, medir, el ciclo de la mejora continua

Como cuarta rueda de nuestro engranaje tenemos la mejora continua, una filosofía imprescindible para nuestro emprendimiento de guerrilla, que contribuirá a hacer más eficiente cada proceso de manera continua y a adaptarse a cada circunstancia y momento.

Y aquí vienen las buenas y las malas noticias. Las malas, esto no es un ciencia exacta ni existe una fórmula mágica que yo te pueda transmitir; las buenas, que solo debes aplicar las técnicas de mejora continua para que por decantación, el sistema se vaya ajustando en tu sector, a tu nicho de clientes, a tu oferta, en el momento y circunstancias de cada negocio.

Así que, en el fondo, son buenas noticias, nos llevará un tiempo ir ajustando el mecanismo, deberemos probar, medir, analizar, rectificar, probar, medir, analizar, rectificar, en un proceso continuo para engrasar nuestra máquina de captación, fidelización o rentabilización de nuestro negocio.

Pero para tener éxito con la mejora continua necesitamos dos cosas fundamentales, constancia y herramientas de medición. La primera es cosa tuya y la segunda es la que quiero proporcionarte en este capítulo, la creación de esos indicadores que te permitirán percibir el cambio en el sistema y te den la posibilidad de ajustar el motor para avanzar en la dirección que necesitas.

Es importante saber que la mejora continua es un mecanismo de medición, ajuste y corrección que vamos a aplicar en primer lugar en las acciones de nuestro método EDAM de Emprendimiento de Guerrilla, pero, que debe ser utilizada en todas las fases del método.

¿Me estás diciendo que también puedo modificar mi producto y/o mi estrategia? Claro, si así te lo piden los resultados de tu negocio.

Aquí entramos en uno de los grandes problemas del emprendimiento en muchos proyectos, por una sensación de seguridad, por una constancia mal enfocada o vaya usted a saber. Cuando emprendemos, intentamos fijar un pilar en el suelo, unas veces es la idea, otras veces el sector, otras el equipo, algunas la estrategia, o el modelo de negocio.

Nada debe ser inamovible en un proyecto de emprendimiento.

Seguro que has oído hablar a emprendedores con gran experiencia a sus espaldas hablar de pivotar. Pivotar no es más que cambiar el rumbo y adaptarse a las nuevas circunstancias, recuerda que es una de las grandes ventajas competitivas que tendrás frente a los Goliat, donde el pivote es un lento viraje.

Así que, utiliza la mejora continua para ajustar el motor de tu sistema de Emprendimiento de Guerrilla en todas sus fases, primero en las acciones, en las campañas, con cambios más rápidos y profundos, pero también en la definición de tu producto, aquí de manera más sosegada, e incluso ajusta tu estrategia, tu sector, tu nicho de clientes.

Recuerda, tu objetivo es la generación de riqueza, no un producto concreto, no una idea, no una estrategia, no un modelo de negocio, no un nicho de clientes, no unas campañas determinadas.

Interioriza esto cuanto antes, debes ir ajustando tu proyecto al objetivo final, y, seguramente cuando llegues a destino el camino no se parecerá en nada a lo que en su día planificaste, pero, sin embargo, allí estarás, en la meta con los objetivos conseguidos.

Dicho esto, empecemos utilizando la mejora continua para ajustar de manera continua nuestras acciones de *marketing*.

¿Cómo empezamos a medir?

Debemos empezar a medir desde el primer momento que pongamos en marcha nuestro proyecto, esto nos garantizará tener datos para poder tomar decisiones de ajuste. Cuanto mejor sean las mediciones, mejor podrán ser los ajustes.

Y aquí llega un reto importante, algo que con la experiencia conseguirás más rápidamente, pero que también funciona con el sistema de mejora continua, la definición de las variables clave y los KPI de tu negocio y de tus campañas.

¿Qué es una variable clave?

Una variable clave en cualquier proceso, es un indicador de un factor del mismo que nos proporciona una información valiosa para poder calcular nuestros KPIs o para medir una evolución positiva o negativa en nuestros procesos.

Por ejemplo, variables clave en nuestras campañas de captación de clientes en un canal determinado pueden ser, número de *leads*, número de ventas, valor de la compra, etc.

Aumentar el número de *leads* que conseguimos es una variable clave, si conseguimos muchos *leads* parece que lo estamos haciendo bien, al menos en esa parte del proceso.

Aumentar el número de ventas sí que parece la magnitud definitiva a tener en cuenta, y si crece, tendremos el éxito asegurado.

Aumentar el valor de la compra es todavía mejor, si un día vendo 1 000 € más que ayer, ¿qué me importa el número de ventas?

Pues todo son variables clave, pero no son definitivas, puedo conseguir muchos *leads* y no convertirlos en ventas, o si los convierto que la facturación no sea la deseada, el tique medio es bajo, o puedo conseguir buenas facturaciones y no ser un buen resultado por el coste de adquisición que ha lastrado la rentabilidad

¿Qué es un KPI?

La definición de Wikipedia: un KPI (*Key Performance Indicator*), conocido también como indicador clave o medidor de desempeño o indicador clave de rendimiento, es una medida del nivel del rendimiento de un proceso.

Si somos capaces de definir estos KPI en los diferentes procesos y etapas de nuestro sistema, tendremos indicadores fiables que nos aportarán la información de tendencia y avance o retroceso, necesaria para cada ajuste del sistema.

¿Dónde y qué mido?

Para tener éxito con la mejora continua, y como ya sabrás con cualquier proceso o proyecto que quieras poner en marcha, debemos ser eficaces, aléjate de la parálisis por perfección, crea un sistema inicial de mediciones, que no será perfecto, no puede serlo, y después, poco a poco y con las necesidades que surjan podrás ir ajustándolo.

Apliquemos la regla del Pareto, consigamos el 80% de la información que necesitamos poniendo sobre la mesa el 20% de los indicadores necesarios, y poco a poco, también aquí, aplicaremos la mejora continua para ir aumentando la información.

Empieza diseñando los parámetros importante para los grandes números, en un proyecto de emprendimiento podemos hablar de la facturación, el número de clientes, del coste de adquisición…

Después define qué te gustaría saber dentro de estas variables, por ejemplo, en facturación te gustará saber el dato por cliente tipo, pero también por canal de captación, tal vez un canal esté captando clientes de menos valor, en términos de facturación. Pero también saber la facturación por tipo de producto es algo importante, deberemos en un futuro calcular la rentabilidad por producto y tal vez centrarnos en unos más que en otros.

Lo importante es recoger desde el principio la información que, seguramente, te hará falta algún día en tus análisis.

Ejemplo: un despacho de abogados ofrece un servicio de LOPD, tiene un producto para autónomos y otro para pymes. Vende también una igual de asesoramiento.

Para captar los clientes, está utilizando el SEO de su página, una campaña SEM (en AdWords) y tiene acuerdos con gestorías para conseguir clientes a cambio de una comisión.

Lo primero que debemos analizar es lo que nos gustaría saber para poder tomar buenas decisiones de negocio ahora, pero también en el futuro.

Nos gustaría saber el coste de adquisición de clientes, cuánto nos cuesta ganar un nuevo cliente. Este dato ahora, podría ser suficiente, que no lo es, pero en el futuro, seguro que lo necesitamos por canal.

Si se cuánto me cuesta un cliente por SEO, por SEM y por comisión, podré potenciar un canal u otro para mejorar el crecimiento, o también por qué no, podré reducir un canal si mi estrategia ahora es reducir costes, pero seguir ganando clientes.

Esto, según vayas avanzando en el método EDAM, no será suficiente. Cuando apliquemos la mejora continua a la campaña de SEM, querrás saber qué campañas dentro del SEM te traen más *leads*, más baratos, que conviertan mejor, que lo hagan más rápido, que traigan clientes más rentables y todo esto, por qué no, por anuncio, o por palabra clave.

Así pues, independientemente de lo que midamos en cada caso, es importante para este despacho de abogados asegurarse que cada *lead* que entra en su sistema viene con información adicional, por ejemplo, podemos definir:

Origen1 = Canal (AdWords, SEO, comisión)

Origen2 = Campaña (sanciones LOPD, por qué LOPD…)

Origen3 = Palabra clave (multa LOPD, sanciones LOPD…)

Con el uso de las herramientas y en el proceso continuo de mejora de la campaña de Google AdWords, que tendrá como objetivo conseguir clientes, que no *leads*, al mejor precio posible, podemos medir muchas otras variables como podrían ser: posición del anuncio, creatividad, horario de conversión, día de la semana.

Como puedes ver, llegar a la parálisis por análisis es posible, empieza con un sistema que te permita una medición suficiente para comenzar y, como parte del proceso de mejora continua, podrás ir ampliando las variables y factores que poder medir a la hora de mejorar la eficiencia de cada sistema.

Fíjate que pasa si tomamos como KPI el coste por *lead*, podemos tener una campaña en AdWords que consiga muchos leads, por ejemplo, LOPD gratis, una exageración, pero enseguida entenderás el problema. El dato de coste por *lead* será buenísimo, si este trabajo está subcontratado, la agencia de *marketing* te hablará de cómo ha reducido sensiblemente el coste por *lead*, ¡enhorabuena!, o no.

Podemos tener un coste por *lead* muy bajo, de *leads* que no convierten, con lo que no estaremos ganando tantos clientes como debiéramos y para el coste de adquisición, necesitaríamos sumar muchos *leads* y sus costes para finalmente tener un cliente. Al final, seguramente hemos empeorado el funcionamiento global del proceso, tendremos que procesar muchos *leads*, eso implica mucho trabajo, y con un coste por adquisición que puede llegar a ser superior al que teníamos antes de reducir el coste por *lead*.

Pero, como en nuestro ejemplo, el KPI será el coste de adquisición, ahora sí que está claro que mido el parámetro correcto, pues... puede que no.

Por un lado, si no tenemos en cuenta el trabajo comercial en el coste de adquisición, muchas organizaciones no lo tienen, el resultado nos puede engañar.

Imagina que, con la campaña inicial, los *leads* tenían un coste de adquisición (CA) alto, pero convertían bien, teníamos un CA de 35 € procesando comercialmente 10 *leads*.

Ahora, al introducir las mejoras en el coste de adquisición por *lead*, estamos consiguiendo un CA de 30 €, hemos mejorado este parámetro, pero sin embargo ahora debemos procesar 30 *leads* para conseguir un cliente.

Deberás evaluar las implicaciones de este trabajo extra, tal vez ahora no se note, pero si tu presupuesto es de 3 000 €, hablamos de pasar de conseguir 86 ventas procesando 860 *leads* a conseguir 100 ventas procesando 3 000 *leads*.

Y dirás, bueno depende del valor de la venta, correcto. También es importante el valor de la venta.En nuestro ejemplo teníamos LOPD autónomos y LOPD empresas, imaginemos que el primero factura 150 € y el segundo 350 €.

Si en AdWords con 3 000 € de presupuesto hay una campaña con un CA (Coste de Adquisición) de 30 € y me trae 80 autónomos y 20 empresas, la facturación que obtendré será de 12 000 € por los autónomos y 7 000 € por las pymes, un total de 19 000 € con una inversión de 3 000 € en publicidad.

Sin embargo, otra campaña con el mismo presupuesto, pero un CA (Coste de Adquisición) de 40 €, 10 € más por cada adquisición, me trae 50 empresas y 25 autónomos, en facturación serían 17 500 por las empresas y 3 750 por los autónomos, un total de 21 250 € con una inversión igual de 3 000 €. Pero además de conseguir mayor facturación lo hago con menos clientes que atender, un 25% menos de producción.

Y seguro que ya piensas que este es el KPI definitivo, beneficio por cliente, en el caso uno 160 € por cliente, y en el caso dos 243,33 € por cliente…

Pues mucho me temo que no, podrías seguir profundizando, no hemos tenido en cuenta el coste de producción, imagina que la LOPD de autónomos requiere muchas menos horas de trabajo que la LOPD de empresas, o que dentro de empresas podemos segmentar en pequeñas, medianas y grandes y tienen un nivel de dedicación muy diferente

Mi intención con todo esto no es abrumarte, es que puedas ver la profundidad que puedes llegar a dar a tu negocio, las variables en las que puedes llegar a influir y las grandes diferencias que tendrás en tu negocio, pero como te decía antes, que el análisis no te paralice, elige las variables que mejor te puedan servir en la fase actual, implaméntalas y empieza con los procesos de mejora continua, y como has podido ver, la medición también está dentro del ciclo de mejora continua.

Cada campaña, cada canal, cada modelo de negocio, cada proyecto concreto tiene sus necesidades específicas, ve poco a poco creando tus KPIs, los de tu negocio, y después evoluciónalos, transfórmalos, cámbialos según el progreso del mismo. En cada momento debes disponer de la información suficiente para tomar decisiones de mejora continua.

¿Cuándo mido?

Este es también un punto muy importante, la información hay que dejarla reposar y, sobre todo, para que las fórmulas matemáticas reflejen la realidad necesitan una cantidad mínima de datos.

Os cuento un caso real. Antonio, que así le voy a llamar para que nadie se dé por aludido, llama enfadado a su agencia de *marketing* ya que no se están cumpliendo las expectativas de su campaña. Cuando contrató con la agencia, el técnico, que ya tenía experiencia en el sector por otros clientes que llevaba, le habló de una tasa de conversión del 1%, esto significa que de cada 100 *leads* uno firmaría como cliente.

Seguro que estás pensando que es una tasa muy baja, puede ser o no, depende del sector, imagina que estamos vendiendo pisos y que cada cliente nos deja 10 000 €, si cada *lead* nos cuesta 10 €, hablamos de un beneficio por cliente de 9 000 €, ¿a qué ya no te parece tan mal?

Bueno, pero esto no es lo que te quería contar, hablamos de Antonio que llevaba ya procesados 200 leads y todavía no tenía ventas, le habían engañado, no había una conversión del 1%.Pues, la realidad es que con 200 *leads* no se puede saber, lleva cero ventas, tal vez el periodo de maduración de estos *leads* es más largo y terminan convirtiendo en unos meses, o simplemente el número de la muestra no es suficiente.

Te propongo un experimento, tira una moneda al aire y apunta los resultados, sabemos, que, si la moneda no está trucada, la probabilidad de que salga cara será del 50%, eso quiere decir que si tiro dos veces la moneda una vez saldrá cara y otra cruz.

Tira las dos primeras veces, ¿salió una cara y una cruz? Puede ser, pero también puede ser que las dos veces salga cara o las dos veces cruz, ¿quiere decir esto que la moneda está trucada? o ¿que las matemáticas no funcionan? No.

Si tiras un número suficiente de veces, la probabilidad hará su trabajo y verás que tienden a igualarse, cuantas más veces tires más se corresponderá con la teoría, un 50% de caras y un 50% de cruces.

Si con solo dos tiradas tomamos decisiones, podemos llegar a conclusiones desastrosas, como pensar que mi moneda siempre sale cara, o siempre sale cruz.

Con los datos de nuestro negocio debemos hacer lo mismo, por eso es importante dar tiempo y suficiente muestra para que puedan ser relevantes.

En nuestro ejemplo tuvimos que convencer a nuestro cliente que debía seguir invirtiendo hasta al menos conseguir 1 000 *leads* y un periodo de seis meses para permitir que los *leads* se decantasen en clientes.

Y una vez que tengo datos significativos ¿cómo hago las mejoras?

La mala noticia:

Nos movemos siempre en entornos multivariables, y más que múltiples variables podemos hablar de infinitas, y la mayoría no las controlamos, de hecho, ni las conocemos.

La buena, las matemáticas:

Aunque hay infinitas variables y muchas de ellas no las controlamos, si somos capaces de mantener las variables que, si conocemos fijas en el tiempo, recuerda la moneda cuando tiramos más de 100 veces, o más de 1 000 veces, podemos ignorar el resto de variables y centrarnos en las que podemos modificar.

Y así, de manera controlada iremos introduciendo variaciones, una en cada ciclo y estudiaremos la tendencia, de nuevo hay que dar tiempo suficiente para que la probabilidad haga su trabajo.

Introducimos un cambio concreto en un sistema lo más hermético posible, del todo es imposible, ya que no controlamos muchas variables que lo influyen, durante el tiempo suficiente y evaluando el rendimiento. Que mejora, pues profundizamos, que empeora, pues volvemos a la situación inicial.

Este es el sistema de mejora continua, medir, analizar, ajustar, y volver a medir. Nos sirve para mejorar el desempeño de nuestras campañas, pero también la definición de nuestro producto, la estrategia de nuestro negocio, sus modelos de negocio, absolutamente todos los procesos de nuestro proyecto.

Si interiorizamos esta filosofía en nuestro día a día, nuestra cabeza tenderá a crear estos procesos de manera automática en todos los ámbitos de nuestra vida, y como has visto, con planificación, dedicación y tiempo, todos los procesos son susceptibles de mejora, y en la mayoría de los casos de manera espectacular.

 **IMPORTANTE**

La mejora continua es un proceso, no es una acción concreta, no se puede mejorar un proceso de una sola vez, como has visto necesitas tiempo e información que todavía no tienes, así que no te sientas culpable por no tener los sistemas perfectamente afinados, no era posible cuando los definiste, solo después del primer ciclo de mejora puede llegar el segundo y así hasta el infinito.

Conclusión

Lo bueno del emprendimiento de Guerrilla es que lo que necesitas para tener éxito está siempre dentro de ti.

Vienen tiempos difíciles, igual estás pensando en adentrarte en el mundo del emprendimiento, tal vez por vocación, o seguramente por necesidad, o ya tienes un negocio y debes reinventarte, hacer las cosas de otra manera, pues...tengo dos noticias para ti, una buena y una mala.

La buena noticia, es que lo que necesitas para tener **éxito** está en ti, no necesitas nada que no puedas conseguir. Se puede emprender sin recursos, se puede emprender sin ser un experto en el sector, se puede emprender si ser un genio de las finanzas, etc..

La mala, que ya no hay excusas, que lo que te falte, te falta por qué no has trabajado para conseguirlo.

Emprender, llegar a generar riqueza para ti y para la sociedad solo depende de ti.

La receta mágica en el Emprendimiento de Guerrilla: trabaja duro para conseguir lo que necesitas en cada momento de tu proyecto, fórmate, investiga, experimenta, acierta, falla, rectifica, pero fundamentalmente, **haz**.

Aquí me tienes para lo que necesites en este duro camino que comienzas, pero ten la seguridad de que el **éxito** está garantizado si lo trabajas. ¿Cuándo empezamos? **¡Ya!**